기본 연산
Check-Book

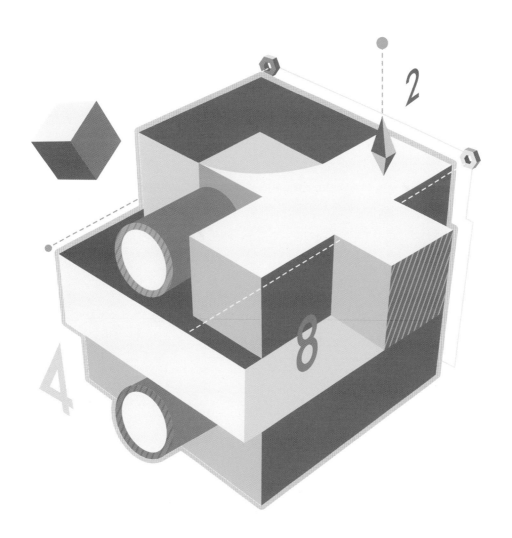

7세 2호

10 만들기

10 가르기

❶
```
  10
 ╱  ╲
1    □
```

❷
```
  10
 ╱  ╲
6    □
```

❸
```
  10
 ╱  ╲
4    □
```

❹
```
  10
 ╱  ╲
7    □
```

❺
```
  10
 ╱  ╲
5    □
```

❻
```
  10
 ╱  ╲
2    □
```

❼
```
  10
 ╱  ╲
9    □
```

❽
```
  10
 ╱  ╲
3    □
```

❾
```
  10
 ╱  ╲
8    □
```

❿
```
  10
 ╱  ╲
□    5
```

⓫
```
  10
 ╱  ╲
□    1
```

⓬
```
  10
 ╱  ╲
□    9
```

⓭
```
  10
 ╱  ╲
□    3
```

⓮
```
  10
 ╱  ╲
□    6
```

⓯
```
  10
 ╱  ╲
□    7
```

⓰
```
  10
 ╱  ╲
□    9
```

⓱
```
  10
 ╱  ╲
□    2
```

⓲
```
  10
 ╱  ╲
□    8
```

⓳
```
  10
 ╱  ╲
□    1
```

⓴
```
  10
 ╱  ╲
□    3
```

㉑ 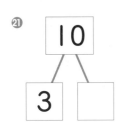　㉒ 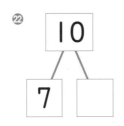　㉓ 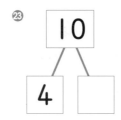　㉔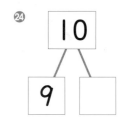

㉕ 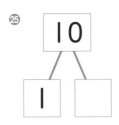　㉖ 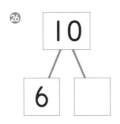　㉗ 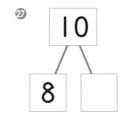　㉘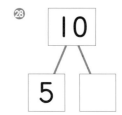

㉙ 　　　　㉚ 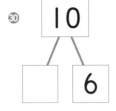　㉛ 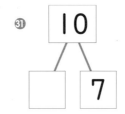　㉜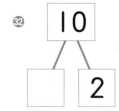

㉝ 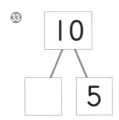　㉞ 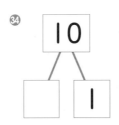　㉟ 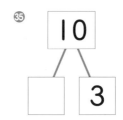　㊱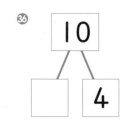

㊲ 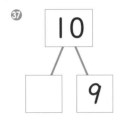　㊳ 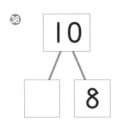　㊴ 　　　　㊵

10 모으기

①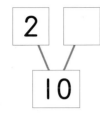

②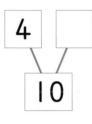

③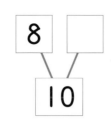

④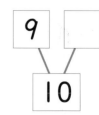

⑤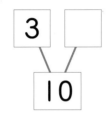

⑥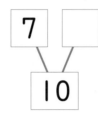

⑦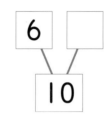

⑧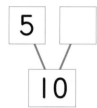

⑨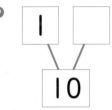

⑩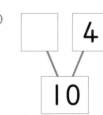

⑪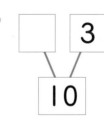

⑫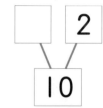

⑬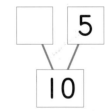

⑭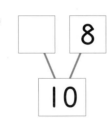

⑮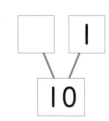

⑯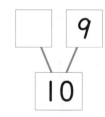

⑰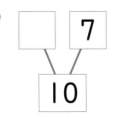

⑱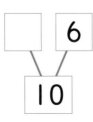

⑲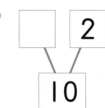

⑳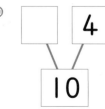

㉑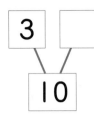

㉒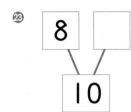

㉓

㉔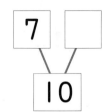

㉕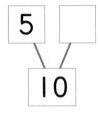

㉖

㉗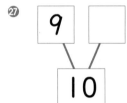

㉘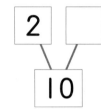

㉙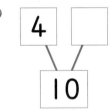

㉚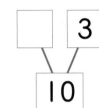

㉛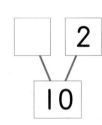

㉜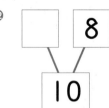

㉝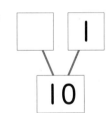

㉞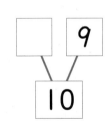

㉟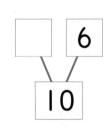

㊱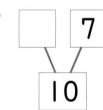

㊲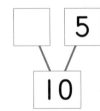

㊳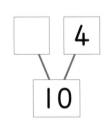

㊴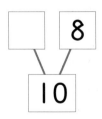

㊵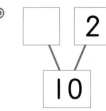

자르는 선

❶ ⑩ - 4 3 5 5

❷ ⑩ - 2 7 3 9

❸ ⑩ - 9 1 2 7

❹ ⑩ - 6 1 7 4

❺ ⑩ - 3 8 2 6

❻ ⑩ - 5 4 5 3

❼ ⑩ - 1 2 7 9

❽ ⑩ - 3 4 6 8

❾ ⑩ - 3 4 7 5

❿ ⑩ - 2 4 7 8

⑪ ⑩ - 1 2 8 6

⑫ ⑩ - 2 6 3 7

⑬ ⑩ - 4 3 6 5

⑭ ⑩ - 1 9 4 5

⑮ ⑩ - 4 5 7 5

⑯ ⑩ - 8 7 2 1

⑰ ⑩ - 2 6 4 3

⑱ ⑩ - 9 8 3 1

⑲ ⑩ - 7 4 5 3

⑳ ⑩ - 5 1 8 5

월   일

㉑ 10 – 4 6 1 2

㉒ 10 – 2 1 9 7

㉓ 10 – 7 4 5 3

㉔ 10 – 5 2 2 5

㉕ 10 – 6 6 5 5

㉖ 10 – 4 8 4 2

㉗ 10 – 1 2 3 9

㉘ 10 – 6 4 1 5

㉙ 10 – 3 6 4 5

㉚ 10 – 9 8 7 1

㉛ 10 – 5 4 8 5

㉜ 10 – 2 5 8 7

㉝ 10 – 3 2 8 9

㉞ 10 – 1 2 3 7

㉟ 10 – 2 9 1 7

㊱ 10 – 4 1 6 1

㊲ 10 – 8 2 3 4

㊳ 10 – 3 5 5 4

㊴ 10 – 3 5 7 9

㊵ 10 – 4 5 7 3

자르는 선

세 수로 10 만들기

① 10 - 1 3 2 7

② 10 - 7 3 2 1

③ 10 - 1 3 6 4

④ 10 - 4 3 2 3

⑤ 10 - 1 2 4 5

⑥ 10 - 4 1 4 2

⑦ 10 - 2 4 3 4

⑧ 10 - 6 3 4 1

⑨ 10 - 2 3 3 4

⑩ 10 - 8 1 1 3

⑪ 10 - 2 3 5 1

⑫ 10 - 4 5 3 2

⑬ 10 - 3 2 1 6

⑭ 10 - 1 6 2 2

⑮ 10 - 7 1 1 8

⑯ 10 - 3 2 1 6

⑰ 10 - 2 4 2 6

⑱ 10 - 5 6 4 1

⑲ 10 - 1 7 6 2

⑳ 10 - 3 5 4 3

자르는 선

㉑ 10 — 4 1 8 1

㉒ 10 — 7 2 1 5

㉓ 10 — 2 7 1 5

㉔ 10 — 1 7 8 1

㉕ 10 — 3 6 5 1

㉖ 10 — 2 5 6 3

㉗ 10 — 4 7 5 1

㉘ 10 — 8 6 1 3

㉙ 10 — 4 2 1 4

㉚ 10 — 1 5 4 7

㉛ 10 — 3 6 5 2

㉜ 10 — 4 5 1 6

㉝ 10 — 3 2 6 2

㉞ 10 — 6 3 2 5

㉟ 10 — 3 3 4 4

㊱ 10 — 4 5 2 3

㊲ 10 — 1 6 3 7

㊳ 10 — 1 7 2 4

㊴ 10 — 4 1 7 5

㊵ 10 — 2 6 5 2

10이 되는 더하기

① $2 + \boxed{} = 10$

② $5 + \boxed{} = 10$

③ $6 + \boxed{} = 10$

④ $4 + \boxed{} = 10$

⑤ $1 + \boxed{} = 10$

⑥ $3 + \boxed{} = 10$

⑦ $7 + \boxed{} = 10$

⑧ $9 + \boxed{} = 10$

⑨ $8 + \boxed{} = 10$

⑩ $\boxed{} + 2 = 10$

⑪ $\boxed{} + 1 = 10$

⑫ $\boxed{} + 6 = 10$

⑬ $\boxed{} + 9 = 10$

⑭ $\boxed{} + 8 = 10$

⑮ $\boxed{} + 4 = 10$

⑯ $\boxed{} + 7 = 10$

⑰ $\boxed{} + 3 = 10$

⑱ $\boxed{} + 5 = 10$

⑲
$$\begin{array}{r} 8 \\ + \boxed{} \\ \hline 1\ 0 \end{array}$$

⑳
$$\begin{array}{r} 2 \\ + \boxed{} \\ \hline 1\ 0 \end{array}$$

㉑
$$\begin{array}{r} 5 \\ + \boxed{} \\ \hline 1\ 0 \end{array}$$

㉒
$$\begin{array}{r} 3 \\ + \boxed{} \\ \hline 1\ 0 \end{array}$$

㉓
$$\begin{array}{r} \boxed{} \\ + 6 \\ \hline 1\ 0 \end{array}$$

㉔
$$\begin{array}{r} \boxed{} \\ + 4 \\ \hline 1\ 0 \end{array}$$

㉕
$$\begin{array}{r} \boxed{} \\ + 1 \\ \hline 1\ 0 \end{array}$$

㉖
$$\begin{array}{r} \boxed{} \\ + 7 \\ \hline 1\ 0 \end{array}$$

㉗ $4+\boxed{}=10$　　㉘ $3+\boxed{}=10$　　㉙ $9+\boxed{}=10$

㉚ $2+\boxed{}=10$　　㉛ $8+\boxed{}=10$　　㉜ $1+\boxed{}=10$

㉝ $7+\boxed{}=10$　　㉞ $5+\boxed{}=10$　　㉟ $6+\boxed{}=10$

㊱ $\boxed{}+1=10$　　㊲ $\boxed{}+9=10$　　㊳ $\boxed{}+6=10$

㊴ $\boxed{}+8=10$　　㊵ $\boxed{}+2=10$　　㊶ $\boxed{}+7=10$

㊷ $\boxed{}+3=10$　　㊸ $\boxed{}+5=10$　　㊹ $\boxed{}+4=10$

㊺
$$
\begin{array}{r}
3 \\
+\ \boxed{} \\
\hline
1\ 0
\end{array}
$$

㊻
$$
\begin{array}{r}
6 \\
+\ \boxed{} \\
\hline
1\ 0
\end{array}
$$

㊼
$$
\begin{array}{r}
1 \\
+\ \boxed{} \\
\hline
1\ 0
\end{array}
$$

㊽
$$
\begin{array}{r}
5 \\
+\ \boxed{} \\
\hline
1\ 0
\end{array}
$$

㊾
$$
\begin{array}{r}
\boxed{} \\
+\ 8 \\
\hline
1\ 0
\end{array}
$$

㊿
$$
\begin{array}{r}
\boxed{} \\
+\ 2 \\
\hline
1\ 0
\end{array}
$$

51
$$
\begin{array}{r}
\boxed{} \\
+\ 4 \\
\hline
1\ 0
\end{array}
$$

52
$$
\begin{array}{r}
\boxed{} \\
+\ 9 \\
\hline
1\ 0
\end{array}
$$

자르는 선

10에서 빼기

① $10 - 3 = \boxed{}$　　② $10 - 2 = \boxed{}$　　③ $10 - 6 = \boxed{}$

④ $10 - 4 = \boxed{}$　　⑤ $10 - 1 = \boxed{}$　　⑥ $10 - 7 = \boxed{}$

⑦ $10 - 5 = \boxed{}$　　⑧ $10 - 8 = \boxed{}$　　⑨ $10 - 9 = \boxed{}$

⑩ $10 - \boxed{} = 1$　　⑪ $10 - \boxed{} = 8$　　⑫ $10 - \boxed{} = 4$

⑬ $10 - \boxed{} = 9$　　⑭ $10 - \boxed{} = 2$　　⑮ $10 - \boxed{} = 7$

⑯ $10 - \boxed{} = 5$　　⑰ $10 - \boxed{} = 6$　　⑱ $10 - \boxed{} = 3$

⑲
$$
\begin{array}{r}
1\ 0 \\
-\ \ 8 \\
\hline
\boxed{}
\end{array}
$$

⑳
$$
\begin{array}{r}
1\ 0 \\
-\ \ 2 \\
\hline
\boxed{}
\end{array}
$$

㉑
$$
\begin{array}{r}
1\ 0 \\
-\ \ 6 \\
\hline
\boxed{}
\end{array}
$$

㉒
$$
\begin{array}{r}
1\ 0 \\
-\ \ 4 \\
\hline
\boxed{}
\end{array}
$$

㉓
$$
\begin{array}{r}
1\ 0 \\
-\ \boxed{} \\
\hline
0
\end{array}
$$

㉔
$$
\begin{array}{r}
1\ 0 \\
-\ \boxed{} \\
\hline
5
\end{array}
$$

㉕
$$
\begin{array}{r}
1\ 0 \\
-\ \boxed{} \\
\hline
9
\end{array}
$$

㉖
$$
\begin{array}{r}
1\ 0 \\
-\ \boxed{} \\
\hline
1\ 0
\end{array}
$$

㉗ 10−4=☐　　㉘ 10−9=☐　　㉙ 10−1=☐

㉚ 10−3=☐　　㉛ 10−7=☐　　㉜ 10−2=☐

㉝ 10−6=☐　　㉞ 10−5=☐　　㉟ 10−8=☐

㊱ 10−☐=7　　㊲ 10−☐=2　　㊳ 10−☐=8

㊴ 10−☐=1　　㊵ 10−☐=6　　㊶ 10−☐=9

㊷ 10−☐=3　　㊸ 10−☐=5　　㊹ 10−☐=4

㊺　1 0　　　㊻　1 0　　　㊼　1 0　　　㊽　1 0
　−　 3　　　　−　 6　　　　−　 1　　　　−　 8
　─────　　　─────　　　─────　　　─────
　　☐　　　　　☐　　　　　☐　　　　　☐

㊾　1 0　　　㊿　1 0　　　51　1 0　　　52　1 0
　−　☐　　　　−　☐　　　　−　☐　　　　−　☐
　─────　　　─────　　　─────　　　─────
　　2　　　　　7　　　　　5　　　　　4

자르는 선

더하기와 빼기

① $4 + \boxed{} = 10$　② $10 - \boxed{} = 5$　③ $\boxed{} + 2 = 10$

④ $6 + \boxed{} = 10$　⑤ $10 - \boxed{} = 3$　⑥ $\boxed{} + 7 = 10$

⑦ $8 + \boxed{} = 10$　⑧ $10 - \boxed{} = 6$　⑨ $\boxed{} + 6 = 10$

⑩ $3 + \boxed{} = 10$　⑪ $10 - \boxed{} = 4$　⑫ $\boxed{} + 5 = 10$

⑬ $9 + \boxed{} = 10$　⑭ $10 - \boxed{} = 8$　⑮ $\boxed{} + 1 = 10$

⑯ $5 + \boxed{} = 10$　⑰ $10 - \boxed{} = 1$　⑱ $\boxed{} + 8 = 10$

⑲
$$\begin{array}{r} 1\ 0 \\ -\ \boxed{} \\ \hline 8 \end{array}$$

⑳
$$\begin{array}{r} 1\ 0 \\ -\ \boxed{} \\ \hline 2 \end{array}$$

㉑
$$\begin{array}{r} 1\ 0 \\ -\ \boxed{} \\ \hline 7 \end{array}$$

㉒
$$\begin{array}{r} 1\ 0 \\ -\ 3 \\ \hline \boxed{} \end{array}$$

㉓
$$\begin{array}{r} 1\ 0 \\ -\ \boxed{} \\ \hline 1\ 0 \end{array}$$

㉔
$$\begin{array}{r} 1\ 0 \\ -\ \boxed{} \\ \hline 5 \end{array}$$

㉕
$$\begin{array}{r} 1\ 0 \\ -\ \boxed{} \\ \hline 9 \end{array}$$

㉖
$$\begin{array}{r} 1\ 0 \\ -\ 9 \\ \hline \boxed{} \end{array}$$

자르는 선

월 일

㉗ 7+□=10　㉘ 10−□=3　㉙ □+1=10

㉚ 9+□=10　㉛ 10−□=2　㉜ □+3=10

㉝ 4+□=10　㉞ 10−□=4　㉟ □+5=10

㊱ 7+□=10　㊲ 10−□=9　㊳ □+4=10

㊴ 3+□=10　㊵ 10−□=7　㊶ □+9=10

㊷ 8+□=10　㊸ 10−□=5　㊹ □+2=10

㊺
$$\begin{array}{r} 6 \\ + \square \\ \hline 10 \end{array}$$

㊻
$$\begin{array}{r} 10 \\ - \square \\ \hline 3 \end{array}$$

㊼
$$\begin{array}{r} 10 \\ - \square \\ \hline 8 \end{array}$$

㊽
$$\begin{array}{r} \square \\ + 6 \\ \hline 10 \end{array}$$

㊾
$$\begin{array}{r} 7 \\ + \square \\ \hline 10 \end{array}$$

㊿
$$\begin{array}{r} 10 \\ - \square \\ \hline 1 \end{array}$$

(51)
$$\begin{array}{r} 10 \\ - \square \\ \hline 6 \end{array}$$

(52)
$$\begin{array}{r} \square \\ + 7 \\ \hline 10 \end{array}$$

자르는 선

① $1 + 4 + \boxed{} = 10$

② $10 - 3 - \boxed{} = 5$

③ $2 + 7 + \boxed{} = 10$

④ $10 - 1 - \boxed{} = 6$

⑤ $1 + 3 + \boxed{} = 10$

⑥ $10 - 2 - \boxed{} = 7$

⑦ $4 + 2 + \boxed{} = 10$

⑧ $10 - 4 - \boxed{} = 2$

⑨ $5 + 1 + \boxed{} = 10$

⑩ $10 - 5 - \boxed{} = 1$

⑪ $1 + 6 + \boxed{} = 10$

⑫ $10 - 1 - \boxed{} = 8$

⑬ $3 + 3 + \boxed{} = 10$

⑭ $10 - 2 - \boxed{} = 4$

⑮ $3 + 2 + \boxed{} = 10$

⑯ $10 - 8 - \boxed{} = 1$

⑰ $1 + 1 + \boxed{} = 10$

⑱ $10 - 6 - \boxed{} = 3$

⑲ $6 + 2 + \boxed{} = 10$

⑳ $10 - 4 - \boxed{} = 3$

㉑ $6+1+\boxed{}=10$

㉒ $10-4-\boxed{}=4$

㉓ $2+3+\boxed{}=10$

㉔ $10-7-\boxed{}=2$

㉕ $1+8+\boxed{}=10$

㉖ $10-5-\boxed{}=2$

㉗ $3+4+\boxed{}=10$

㉘ $10-6-\boxed{}=1$

㉙ $2+2+\boxed{}=10$

㉚ $10-4-\boxed{}=5$

㉛ $1+4+\boxed{}=10$

㉜ $10-3-\boxed{}=4$

㉝ $6+3+\boxed{}=10$

㉞ $10-2-\boxed{}=5$

㉟ $1+2+\boxed{}=10$

㊱ $10-5-\boxed{}=3$

㊲ $1+5+\boxed{}=10$

㊳ $10-3-\boxed{}=3$

㊴ $5+3+\boxed{}=10$

㊵ $10-2-\boxed{}=6$

자르는 선

정 답

1주 10 가르기 1~2쪽

❶ 9 ❷ 4 ❸ 6 ❹ 3 ❺ 5 ❻ 8 ❼ 1 ❽ 7 ❾ 2 ❿ 5 ⓫ 9 ⓬ 1
⓭ 7 ⓮ 4 ⓯ 3 ⓰ 1 ⓱ 8 ⓲ 2 ⓳ 9 ⓴ 7 ㉑ 3 ㉒ 3 ㉓ 6 ㉔ 1
㉕ 9 ㉖ 4 ㉗ 2 ㉘ 5 ㉙ 8 ㉚ 4 ㉛ 3 ㉜ 8 ㉝ 5 ㉞ 9 ㉟ 7 ㊱ 6
㊲ 1 ㊳ 2 ㊴ 4 ㊵ 1

2주 10 모으기 3~4쪽

❶ 8 ❷ 6 ❸ 2 ❹ 1 ❺ 7 ❻ 3 ❼ 4 ❽ 5 ❾ 9 ❿ 6 ⓫ 7 ⓬ 8
⓭ 5 ⓮ 2 ⓯ 9 ⓰ 1 ⓱ 3 ⓲ 4 ⓳ 8 ⓴ 6 ㉑ 7 ㉒ 4 ㉓ 2 ㉔ 3
㉕ 5 ㉖ 9 ㉗ 1 ㉘ 8 ㉙ 6 ㉚ 7 ㉛ 8 ㉜ 2 ㉝ 9 ㉞ 1 ㉟ 4 ㊱ 3
㊲ 5 ㊳ 6 ㊴ 2 ㊵ 8

3주 두 수로 10 만들기 5~6쪽

❶ 5,5 ❷ 7,3 ❸ 9,1 ❹ 6,4 ❺ 8,2 ❻ 5,5 ❼ 1,9 ❽ 4,6 ❾ 3,7 ❿ 2,8 ⓫ 2,8 ⓬ 3,7
⓭ 4,6 ⓮ 1,9 ⓯ 5,5 ⓰ 8,2 ⓱ 6,4 ⓲ 9,1 ⓳ 7,3 ⓴ 5,5 ㉑ 4,6 ㉒ 1,9 ㉓ 7,3 ㉔ 5,5
㉕ 5,5 ㉖ 8,2 ㉗ 1,9 ㉘ 6,4 ㉙ 6,4 ㉚ 9,1 ㉛ 5,5 ㉜ 2,8 ㉝ 2,8 ㉞ 3,7 ㉟ 9,1 ㊱ 4,6
㊲ 8,2 ㊳ 5,5 ㊴ 3,7 ㊵ 7,3

4주 세 수로 10 만들기 7~8쪽

❶ 1,2,7 ❷ 7,2,1 ❸ 1,3,6 ❹ 4,3,3 ❺ 1,4,5 ❻ 4,4,2
❼ 2,4,4 ❽ 6,3,1 ❾ 3,3,4 ❿ 8,1,1 ⓫ 2,3,5 ⓬ 5,3,2
⓭ 3,1,6 ⓮ 6,2,2 ⓯ 1,1,8 ⓰ 3,1,6 ⓱ 2,2,6 ⓲ 5,4,1
⓳ 1,7,2 ⓴ 3,4,3 ㉑ 1,8,1 ㉒ 7,2,1 ㉓ 2,7,1 ㉔ 1,8,1
㉕ 3,6,1 ㉖ 2,5,3 ㉗ 4,5,1 ㉘ 6,1,3 ㉙ 4,2,4 ㉚ 1,5,4
㉛ 3,5,2 ㉜ 4,5,1 ㉝ 2,6,2 ㉞ 3,2,5 ㉟ 3,3,4 ㊱ 5,2,3
㊲ 1,6,3 ㊳ 1,7,2 ㊴ 4,1,5 ㊵ 2,6,2

5주 10이 되는 더하기 9~10쪽

❶ 8 ❷ 5 ❸ 4 ❹ 6 ❺ 9 ❻ 7 ❼ 3 ❽ 1 ❾ 2 ❿ 8 ⓫ 9 ⓬ 4
⓭ 1 ⓮ 2 ⓯ 6 ⓰ 3 ⓱ 7 ⓲ 5 ⓳ 2 ⓴ 8 ㉑ 5 ㉒ 7 ㉓ 4 ㉔ 6
㉕ 9 ㉖ 3 ㉗ 6 ㉘ 7 ㉙ 1 ㉚ 8 ㉛ 2 ㉜ 9 ㉝ 3 ㉞ 5 ㉟ 4 ㊱ 9
㊲ 1 ㊳ 4 ㊴ 2 ㊵ 8 ㊶ 3 ㊷ 7 ㊸ 5 ㊹ 6 ㊺ 7 ㊻ 4 ㊼ 9 ㊽ 5
㊾ 2 ㊿ 8 51 6 52 1

6주 10에서 빼기 11~12쪽

❶ 7 ❷ 8 ❸ 4 ❹ 6 ❺ 9 ❻ 3 ❼ 5 ❽ 2 ❾ 1 ❿ 9 ⓫ 2 ⓬ 6
⓭ 1 ⓮ 8 ⓯ 3 ⓰ 5 ⓱ 4 ⓲ 7 ⓳ 2 ⓴ 8 ㉑ 4 ㉒ 6 ㉓ 10 ㉔ 5
㉕ 1 ㉖ 0 ㉗ 6 ㉘ 1 ㉙ 9 ㉚ 7 ㉛ 3 ㉜ 8 ㉝ 4 ㉞ 5 ㉟ 2 ㊱ 3
㊲ 8 ㊳ 2 ㊴ 9 ㊵ 4 ㊶ 1 ㊷ 7 ㊸ 5 ㊹ 6 ㊺ 7 ㊻ 4 ㊼ 9 ㊽ 2
㊾ 8 ㊿ 3 51 5 52 6

7주 더하기와 빼기 13~14쪽

❶ 6 ❷ 5 ❸ 8 ❹ 4 ❺ 7 ❻ 3 ❼ 2 ❽ 4 ❾ 4 ❿ 7 ⓫ 6 ⓬ 5
⓭ 1 ⓮ 2 ⓯ 9 ⓰ 5 ⓱ 9 ⓲ 2 ⓳ 2 ⓴ 8 ㉑ 3 ㉒ 7 ㉓ 0 ㉔ 5
㉕ 1 ㉖ 1 ㉗ 3 ㉘ 7 ㉙ 9 ㉚ 1 ㉛ 8 ㉜ 7 ㉝ 6 ㉞ 6 ㉟ 5 ㊱ 3
㊲ 1 ㊳ 6 ㊴ 7 ㊵ 3 ㊶ 1 ㊷ 2 ㊸ 5 ㊹ 8 ㊺ 4 ㊻ 7 ㊼ 2 ㊽ 4
㊾ 3 ㊿ 9 51 4 52 3

8주 세 수의 계산 15~16쪽

❶ 5 ❷ 2 ❸ 1 ❹ 3 ❺ 6 ❻ 1 ❼ 4 ❽ 4 ❾ 4 ❿ 4 ⓫ 3 ⓬ 1
⓭ 4 ⓮ 4 ⓯ 5 ⓰ 1 ⓱ 8 ⓲ 1 ⓳ 2 ⓴ 3 ㉑ 3 ㉒ 2 ㉓ 5 ㉔ 1
㉕ 1 ㉖ 3 ㉗ 3 ㉘ 3 ㉙ 6 ㉚ 1 ㉛ 3 ㉜ 3 ㉝ 1 ㉞ 3 ㉟ 7 ㊱ 2
㊲ 4 ㊳ 4 ㊴ 2 ㊵ 2

사고셈

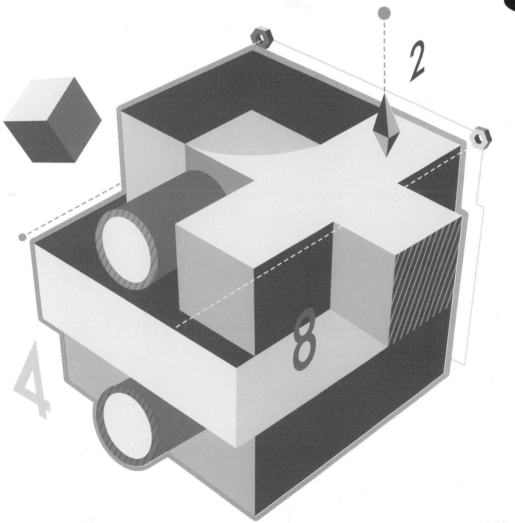

이 책의 구성과 특징

생각의 힘을 키우는 사고(思考)셈은 1주 4개, 8주 32개의 사고력 유형 학습을 통해 수와 연산에 대한 개념의 응용력(추론 및 문제해결능력)을 키울 수 있도록 하였습니다.

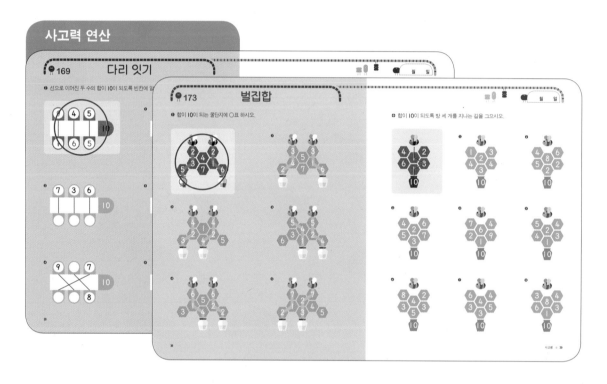

✤ 대표 사고력 유형으로 연산 원리를 쉽게쉽게
✤ 1~4일차: 다양한 유형의 주 진도 학습

✤ 5일차 점검 학습: 주 진도 학습 확인

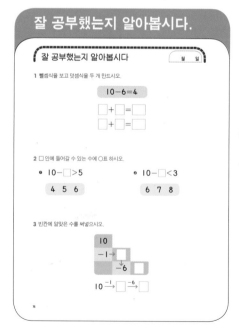

○ 권두부록 (기본연산 Check-Book)

기본연산 Check-Book

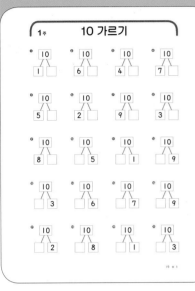

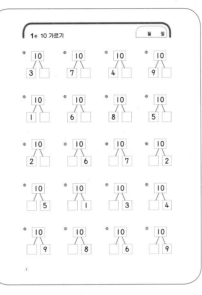

◆ 본 학습 전 기본연산 실력 진단

○ 권말부록 (G-Book)

Guide Book(정답 및 해설)

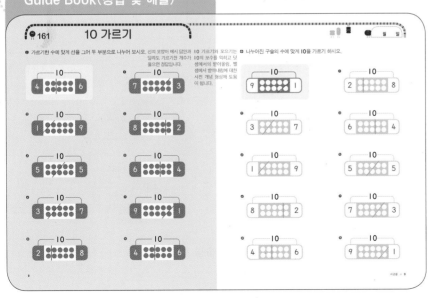

◆ 문제와 답을 한 눈에!

◆ 상세한 풀이와 친절한 해설, 답

학습 효과 및 활용법

▲ 학습 효과

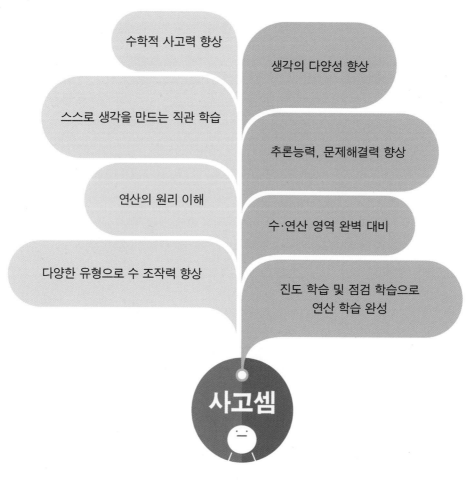

수학적 사고력 향상

생각의 다양성 향상

스스로 생각을 만드는 직관 학습

추론능력, 문제해결력 향상

연산의 원리 이해

수·연산 영역 완벽 대비

다양한 유형으로 수 조작력 향상

진도 학습 및 점검 학습으로
연산 학습 완성

사고셈

▲ 주차별 활용법

1단계
기본연산
Check-Book으로
준비 학습

2단계
사고력 유형으로
진도 학습

3단계
마무리 문제로
점검 학습

1단계 : 기본연산 Check-Book으로 사고력 연산을 위한 준비 학습을 합니다.
2단계 : 사고력 유형으로 사고력 연산의 진도 학습을 합니다.
3단계 : 한 주마다 점검 학습(잘 공부했는지 알아봅시다)으로 사고력 향상을 확인합니다.

학습 구성

6세

1호	10까지의 수
2호	더하기 빼기 1과 2
3호	합이 9까지인 덧셈
4호	한 자리 수의 뺄셈과 세 수의 계산

7세

1호	한 자리 수의 덧셈과 뺄셈
2호	10 만들기
3호	50까지의 수
4호	더하기 빼기 1과 2, 10과 20

초등 1

1호	덧셈구구
2호	뺄셈구구와 덧셈, 뺄셈 혼합
3호	100까지의 수, 1000까지의 수
4호	받아올림, 받아내림 없는 두 자리 수의 계산

초등 2

1호	두 자리 수와 한 자리 수의 덧셈과 뺄셈
2호	두 자리 수의 덧셈과 뺄셈
3호	곱셈구구
4호	곱셈과 나눗셈 구구

초등 3

1호	세·네 자리 수의 덧셈과 뺄셈
2호	분수와 소수의 기초
3호	두 자리 수의 곱셈과 나눗셈
4호	분수

초등 4

1호	분수의 덧셈과 뺄셈
2호	혼합 계산
3호	소수의 덧셈과 뺄셈
4호	어림하기

이 책의 **학습 로드맵**

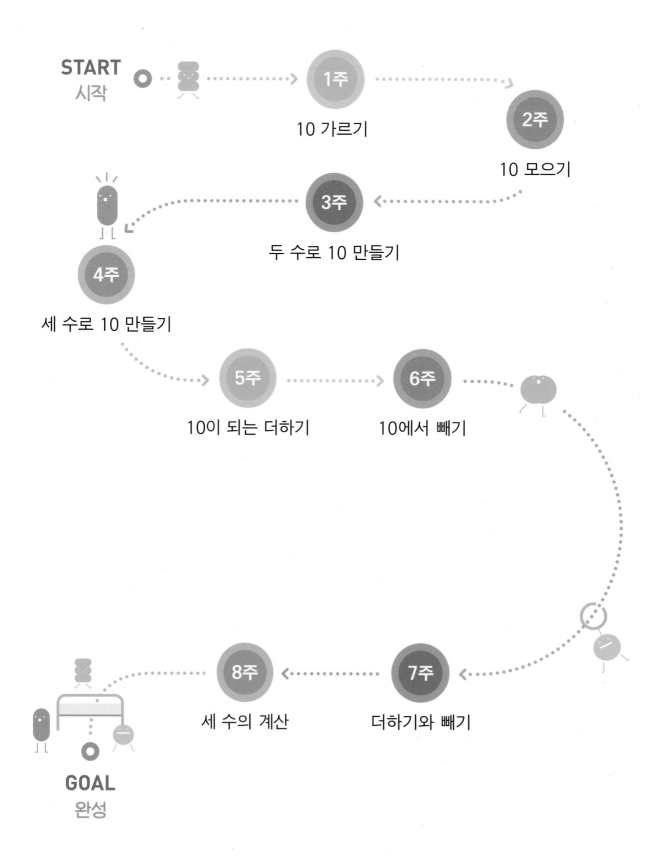

START
시작

1주
10 가르기

2주
10 모으기

3주
두 수로 10 만들기

4주
세 수로 10 만들기

5주
10이 되는 더하기

6주
10에서 빼기

7주
더하기와 빼기

8주
세 수의 계산

GOAL
완성

1

10 가르기

10 가르기

● 가르기한 수에 맞게 선을 그어 두 부분으로 나누어 보시오.

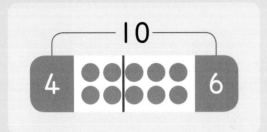

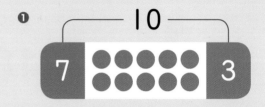

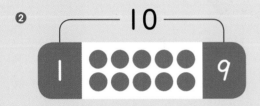

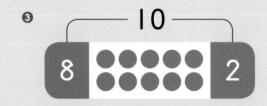

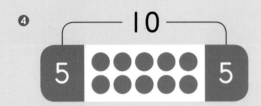

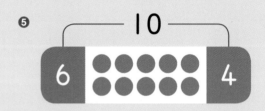

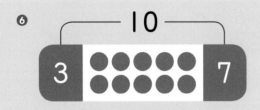

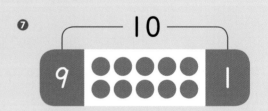

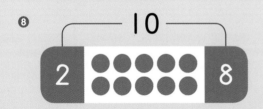

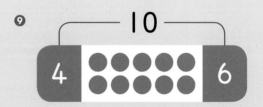

✛ 나누어진 구슬의 수에 맞게 10을 가르기 하시오.

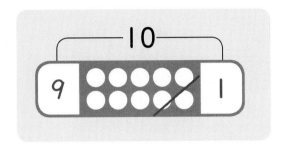

❶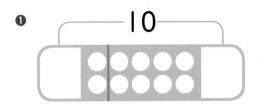

❷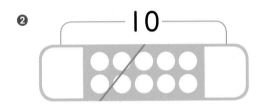

❸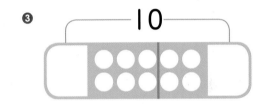

❹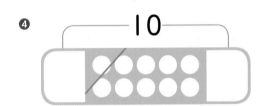

❺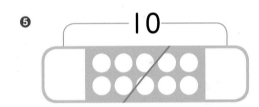

❻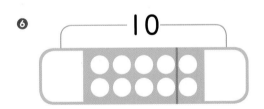

❼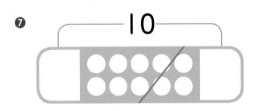

❽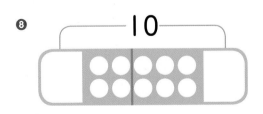

❾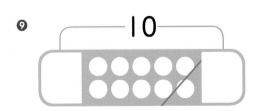

가르기 선잇기

● 점을 연결하여 10을 가르기 하시오.

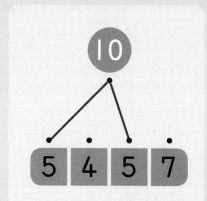

10
5 4 5 7

❶

10
6 9 3 1

❷

10
4 1 8 6

❸

10
3 2 8 5

❹

10
7 5 3 6

❺

10
3 9 8 2

❻

10
1 6 5 4

❼

10
2 7 4 8

❽

10
1 9 6 3

 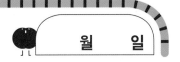

⊕ 점을 연결하여 두 개의 **10**을 가르기 하시오.

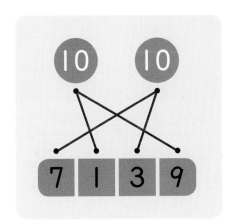

❶

4 6 8 2

❷

5 3 5 7

❸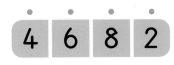

6 2 8 4

❹

3 9 7 1

❺

1 9 2 8

❻

❼

2 4 6 8

❽

5 7 5 3

다면 가르기

● 가르기 하여 빈칸에 알맞은 수를 써넣으시오.

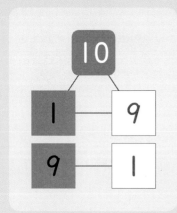

10
1 — 9
9 — 1

❶
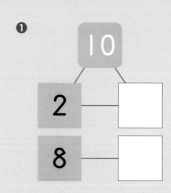

10
2 —
8 —

❷
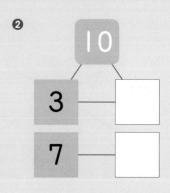

10
3 —
7 —

❸

10
1 —
2 —
3 —

❹
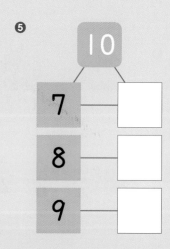

10
6 —
5 —
4 —

❺

10
7 —
8 —
9 —

❻
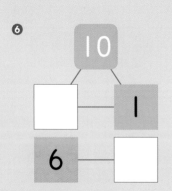

10
 — 1
6 —

❼
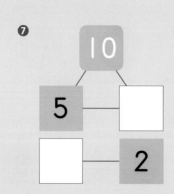

10
5 —
 — 2

❽
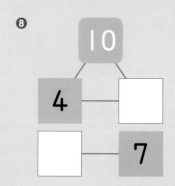

10
4 —
 — 7

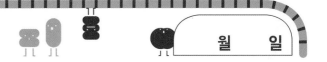
● 가르기 하여 빈칸에 알맞은 수를 써넣으시오.

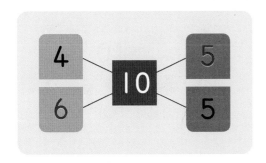

❶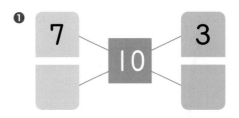

❷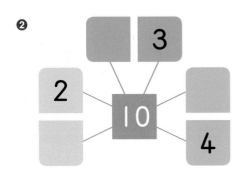

❸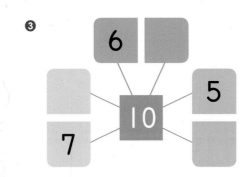

❹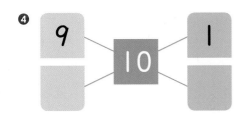

❺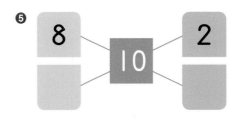

❻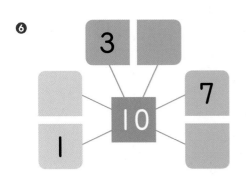

❼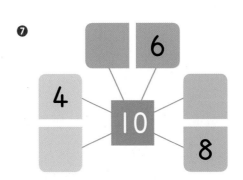

이중 가르기

● 10을 두 번 가른 것입니다. 빈칸에 알맞은 수를 써넣으시오.

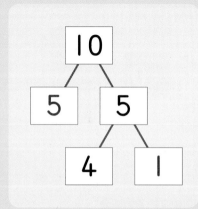

❶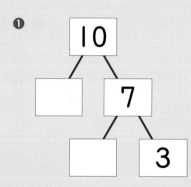

❷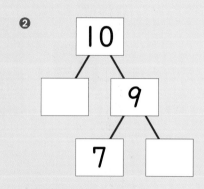

❸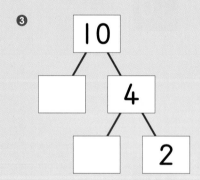

❹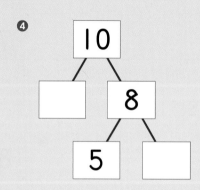

❺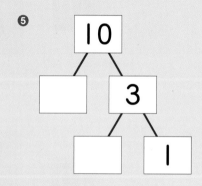

❻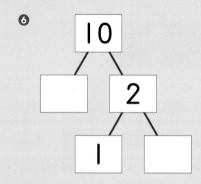

❼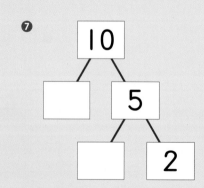

❽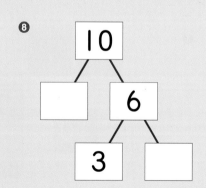

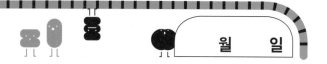

✚ 10을 두 번 가른 것입니다. 빈칸에 알맞은 수를 써넣으시오.

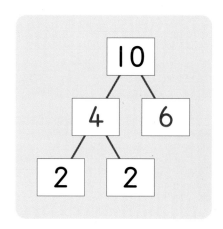

❶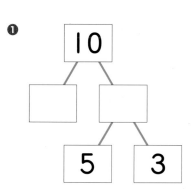

❷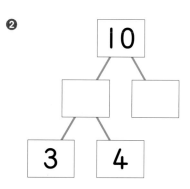

❸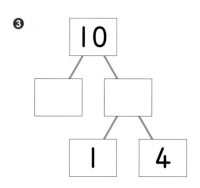

❹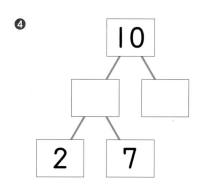

❺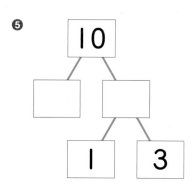

❻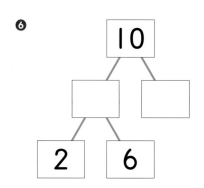

❼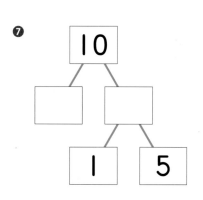

❽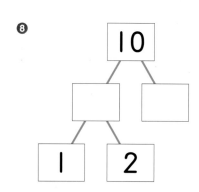

잘 공부했는지 알아봅시다

1 그림을 보고 빈칸에 알맞은 수를 써넣으시오.

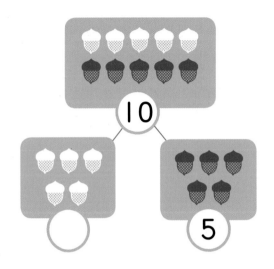

2 10을 두 수로 가르고, 그 수에 맞게 도미노 점을 그리시오.

❶

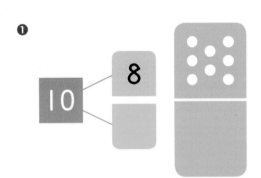

❷

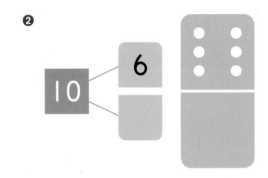

3 빈칸에 알맞은 수를 써넣으시오.

❶

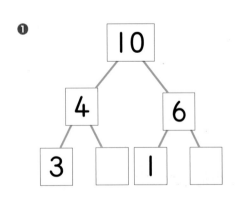

❷

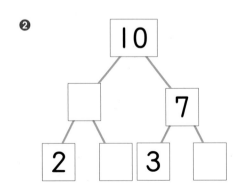

2

10 모으기

10 모으기

● 그림을 보고 빈칸에 알맞은 수를 써넣으시오.

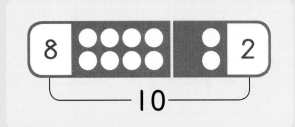

❶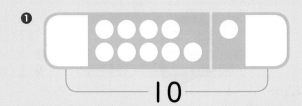

❷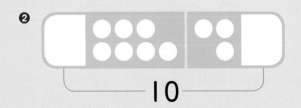

❸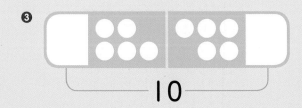

❹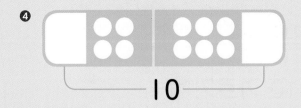

❺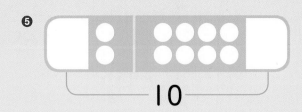

❻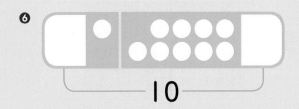

❼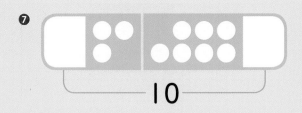

❽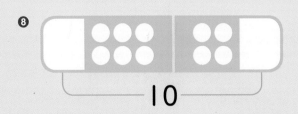

❾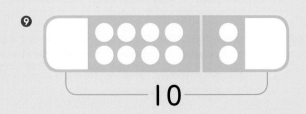

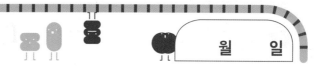

✿ 모아서 10이 되도록 ○를 그리고, 빈칸에 알맞은 수를 써넣으시오.

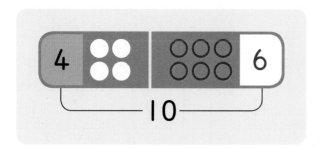

❶
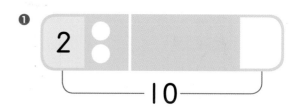

❷
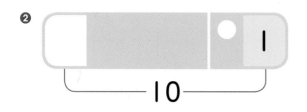

❸
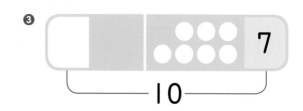

❹
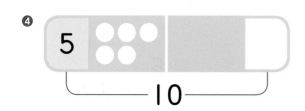

❺
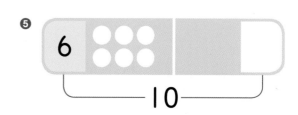

❻
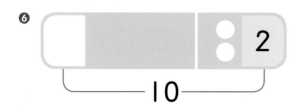

❼
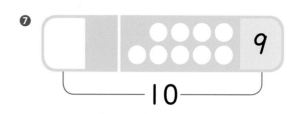

❽
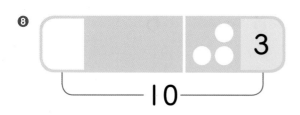

❾
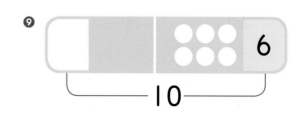

모아 10 가르기

가르고 모아 빈칸에 알맞은 수를 써넣으시오.

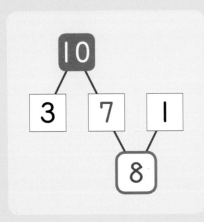

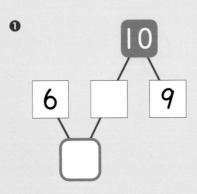

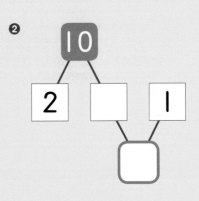

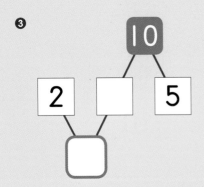

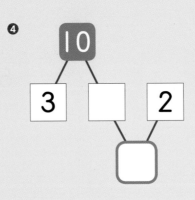

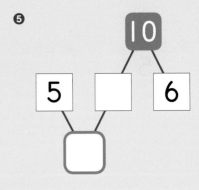

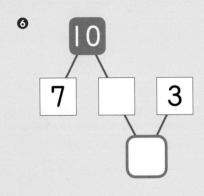

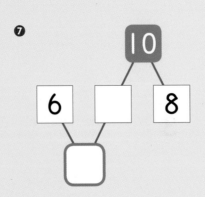

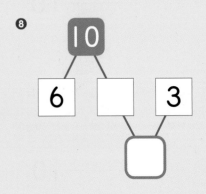

● 모아서 ⬛ 안의 수가 되도록 10을 가르기 하시오.

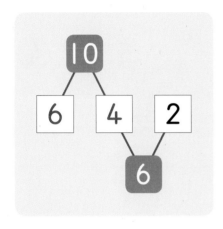

❶
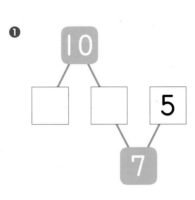

❷
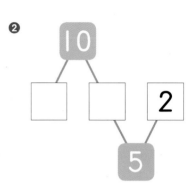

❸
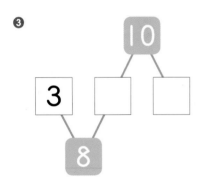

❹
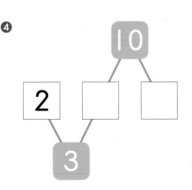

❺
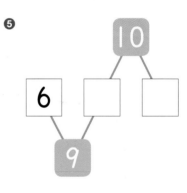

❻
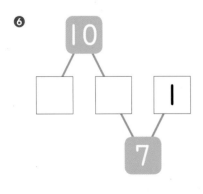

❼
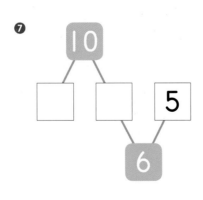

❽
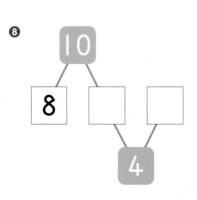

갈라 10 모으기

● 가르고 모아 빈칸에 알맞은 수를 써넣으시오.

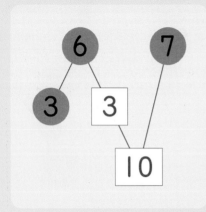

❶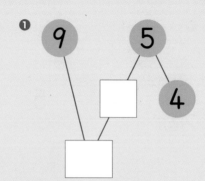

❷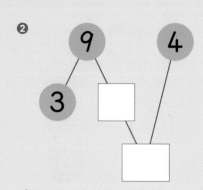

❸

❹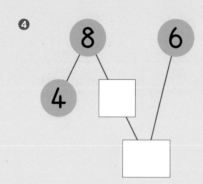

❺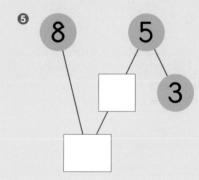

❻

❼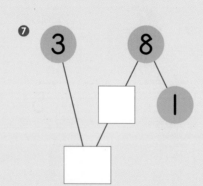

❽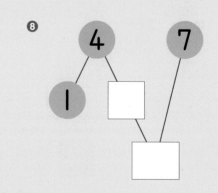

⊕ 모아서 **10**이 되도록 가르기 하시오.

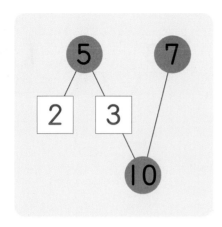

❶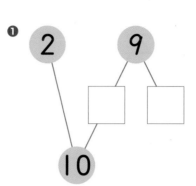

❷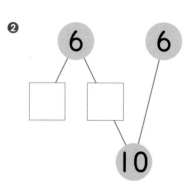

❸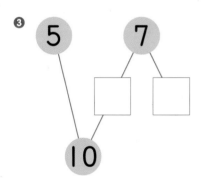

❹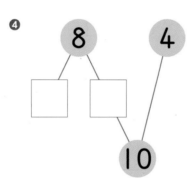

❺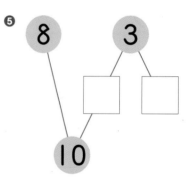

❻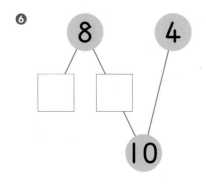

❼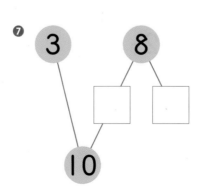

❽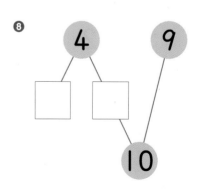

이중 모으기

● 모으기 하여 빈칸에 알맞은 수를 써넣으시오.

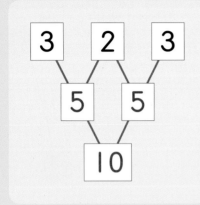

❶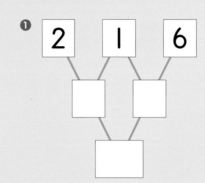

❷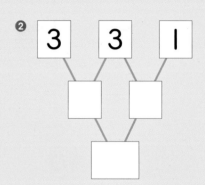

❸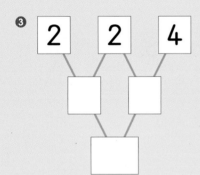

❹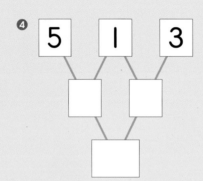

❺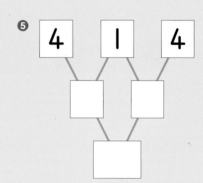

❻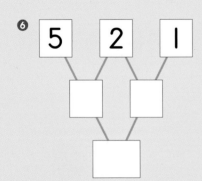

❼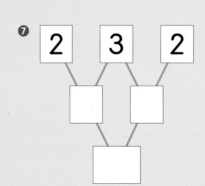

❽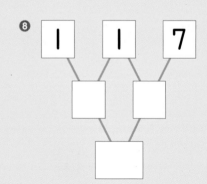

모아서 **10**을 만든 것입니다. 빈칸에 알맞은 수를 써넣으시오.

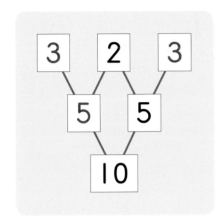

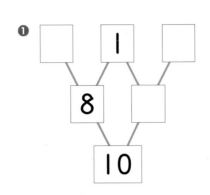

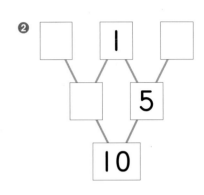

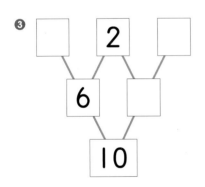

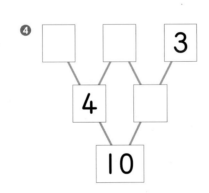

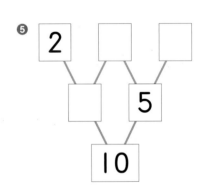

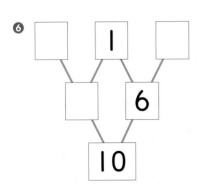

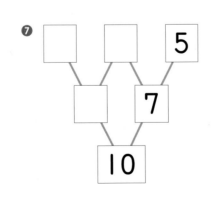

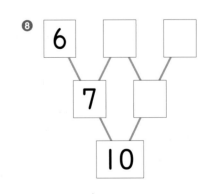

잘 공부했는지 알아봅시다

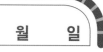

1 모아서 10이 되도록 ◯를 그리고 빈칸에 알맞은 수를 써넣으시오.

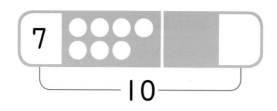

2 빈칸에 알맞은 수를 써넣으시오

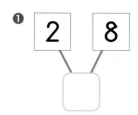 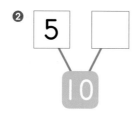 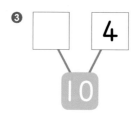

3 모으기 하여 빈칸에 알맞은 수를 써넣으시오

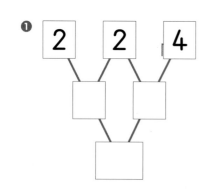 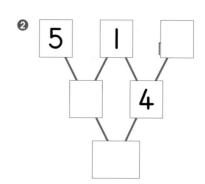

26

3 두 수로 10 만들기

다리 잇기

선으로 이어진 두 수의 합이 10이 되도록 빈칸에 알맞은 수를 써넣으시오.

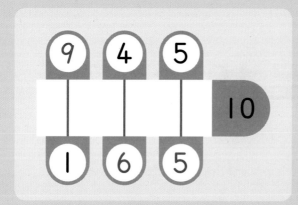

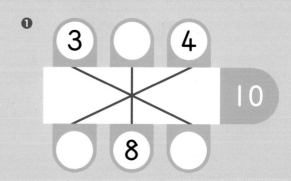

❶

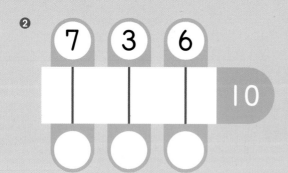

❷

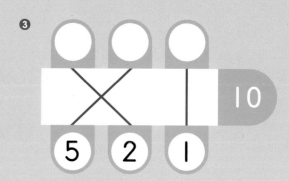

❸

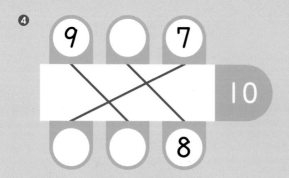

❹

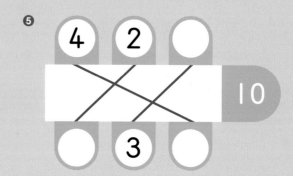

❺

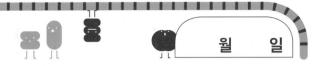

✚ 연결된 두 수의 합이 10이 되도록 선을 그으시오.

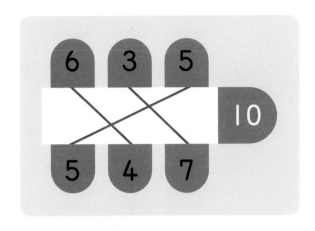

❶

❷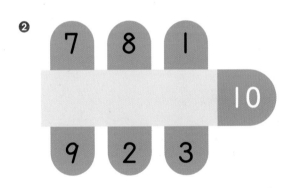

❸

❹

❺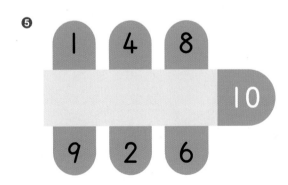

애드벌룬

● 풍선 안의 수를 모아 10을 만들려고 합니다. 필요 없는 풍선에 ×표 하시오.

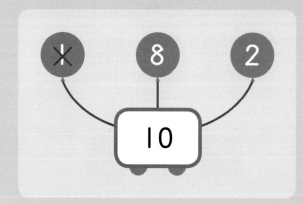

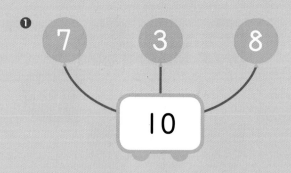

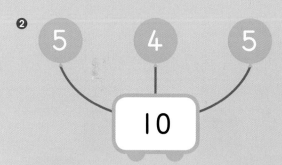

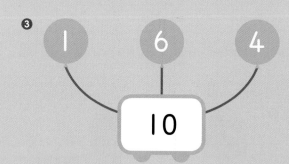

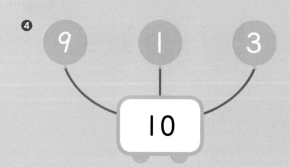

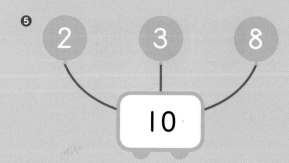

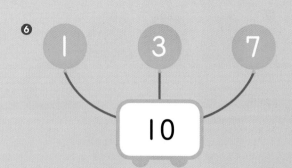

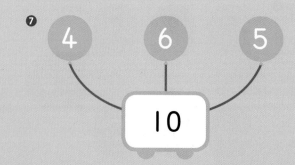

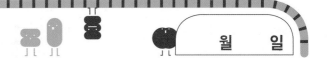

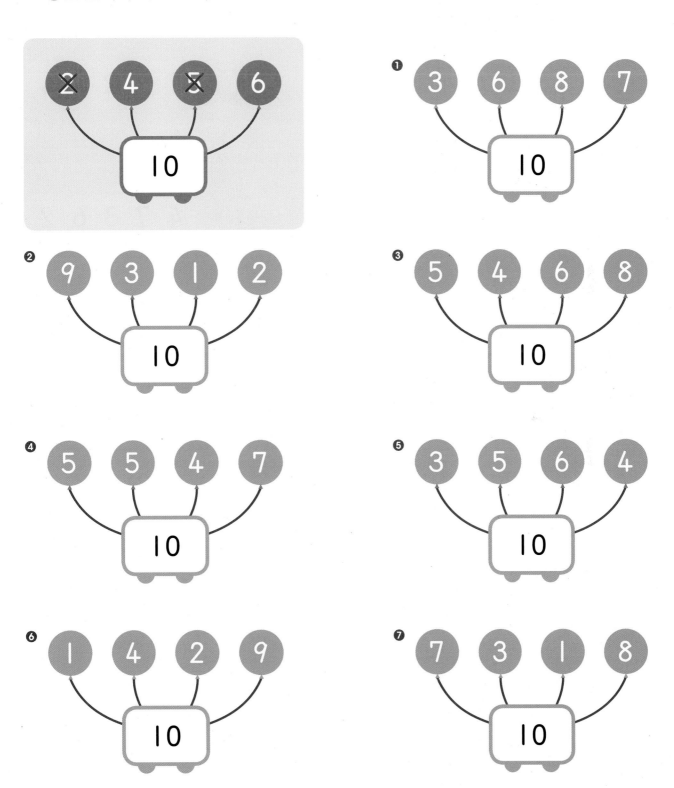

풍선 안의 두 수를 모아 **10**을 만들려고 합니다. 필요 없는 풍선에 모두 ×표 하시오.

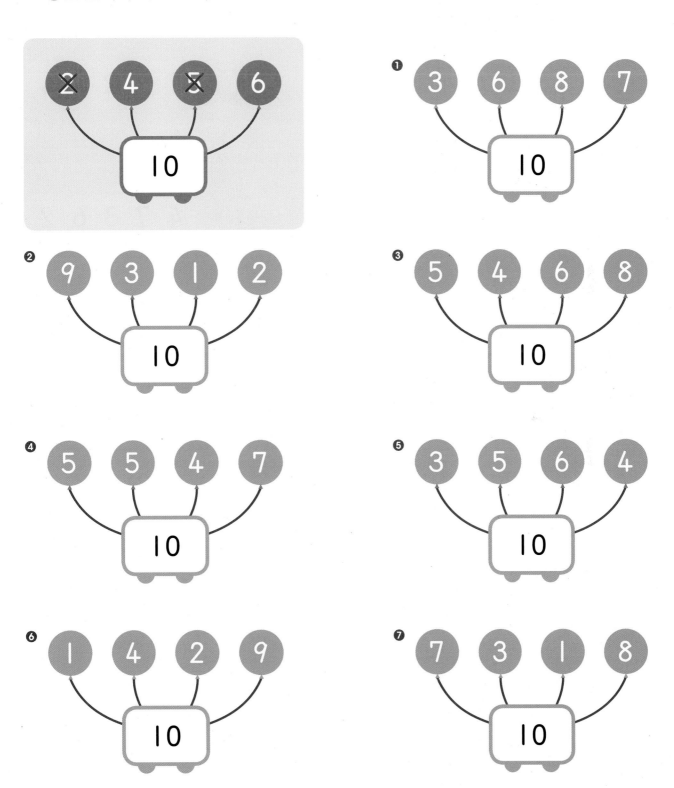

10 묶기

◑ 이웃한 두 수의 합이 10이 되도록 ◯로 묶으시오.

10 3 6 ⑥ 4 5

❶ **10** 1 9 2 7 4

❷ **10** 5 4 7 2 8

❸ **10** 4 7 3 6 2

❹ **10** 5 5 4 7 2

❺ **10** 7 4 4 6 3

❻ **10** 3 9 1 8 4

❼ **10** 3 9 4 8 2

❽ **10** 2 5 3 7 6

❾ **10** 6 4 7 1 4

❿ **10** 8 1 9 4 4

⓫ **10** 2 3 5 5 6

✚ 이웃한 두 수의 합이 **10**이 되도록 ◯로 묶으시오.

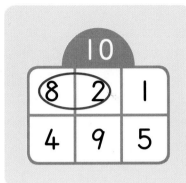

10		
(8	2)	1
4	9	5

❶

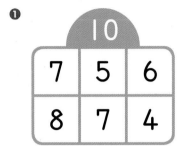

10		
7	5	6
8	7	4

❷

10		
3	6	2
8	3	7

❸

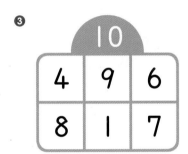

10		
4	9	6
8	1	7

❹

10		
4	7	2
5	5	9

❺

10		
7	1	4
2	8	7

❻

10		
1	7	3
2	4	8

❼

10		
5	4	6
4	8	3

❽

10		
6	1	4
3	9	2

❾

10		
3	5	2
4	6	9

❿

10		
1	3	4
6	7	5

⓫

10		
7	4	5
6	3	5

양팔저울

● 양팔저울이 평형을 이룹니다. 그림에 맞게 알맞은 수를 써넣으시오.

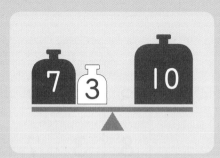

①

②

③

④

⑤

⑥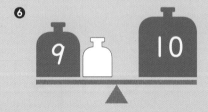

⑦

⑧

⑨

⑩

⑪

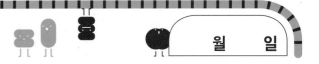

● 그림에 맞게 ⬤ 안의 세 수를 알맞게 써넣으시오.

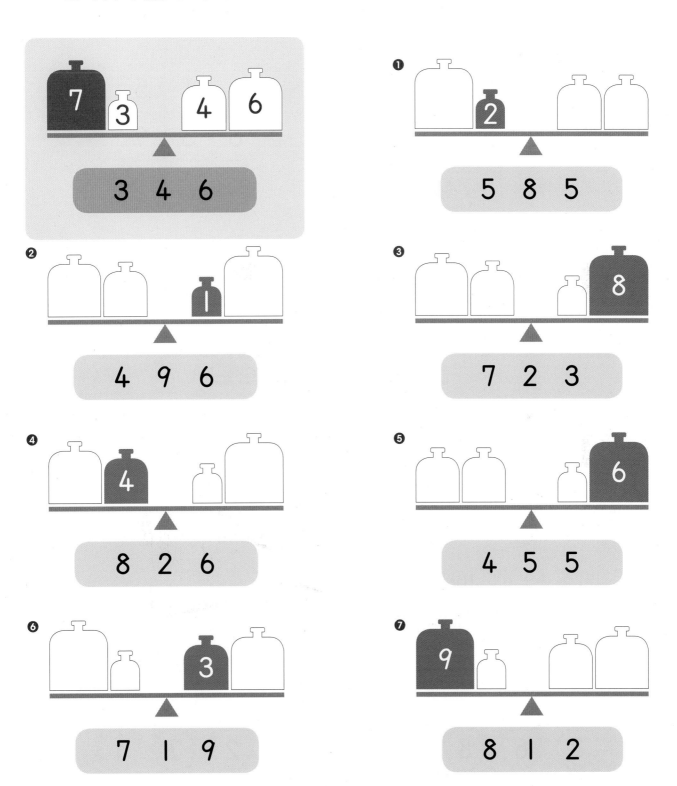

❶ 5 8 5

❷ 4 9 6

❸ 7 2 3

❹ 8 2 6

❺ 4 5 5

❻ 7 1 9

❼ 8 1 2

잘 공부했는지 알아봅시다

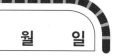

1 이웃한 두 수의 합이 **10**이 되도록 ◯로 묶으시오.

①

	10	
3	9	6
5	2	8

②

	10	
4	1	5
6	3	9

2 양팔저울이 평형을 이룹니다. ▨ 안의 세 수를 알맞게 써넣으시오.

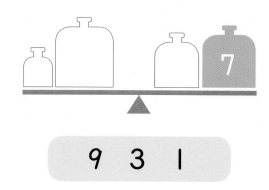

9 3 1

3 연결된 두 수의 합이 **10**이 되도록 선을 그으시오.

①

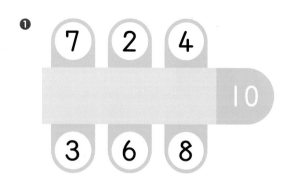

②

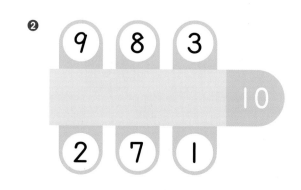

36

4 세 수로 10 만들기

벌집합

● 합이 10이 되는 꿀단지에 ○표 하시오.

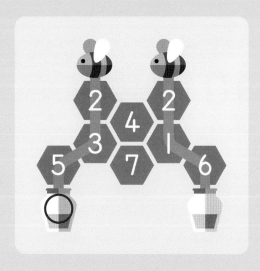

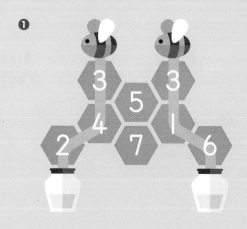

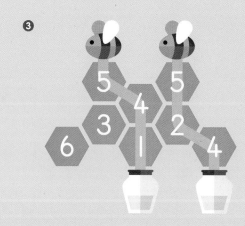

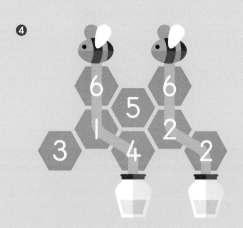

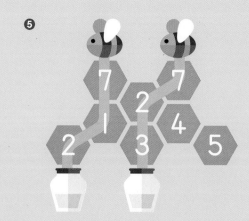

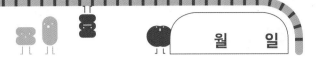

➕ 합이 10이 되도록 방 세 개를 지나는 길을 그으시오.

❶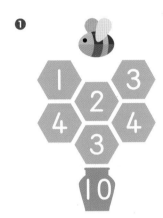

❷

❸

❹

❺

❻

❼

❽

세 수 묶기

● 이웃한 세 수의 합이 10이 되도록 ⬭로 묶으시오.

10 3 2 6 2 2

❶ **10** 5 1 4 2 6

❷ **10** 4 2 1 7 5

❸ **10** 1 3 1 6 2

❹ **10** 3 2 5 1 7

❺ **10** 7 2 8 1 1

❻ **10** 2 6 3 3 4

❼ **10** 5 3 4 2 4

❽ **10** 4 1 5 2 6

❾ **10** 1 3 4 3 2

❿ **10** 2 4 6 3 1

⓫ **10** 1 1 8 2 9

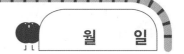

✦ 이웃한 세 수의 합이 10이 되도록 ◯로 묶으시오.

10

1	7	5
4	1	8
2	2	3

❶ 10

7	1	4
3	5	2
9	1	2

❷ 10

1	6	4
5	8	4
1	2	2

❸ 10

2	6	3
1	4	6
5	1	4

❹ 10

1	2	2
1	3	7
8	4	6

❺ 10

6	2	2
1	3	4
5	9	3

❻ 10

3	4	2
2	1	7
6	4	5

❼ 10

3	3	4
1	4	3
9	2	6

❽ 10

1	2	3
4	8	1
7	5	6

기역니은디귿

● 세 수의 합이 10이 되도록 빈칸에 알맞은 수를 써넣으시오.

| 3 | 4 | 3 |

❶ | 5 | | 2 |

❷ | | 2 | 2 |

❸
| 1 |
| 2 |
| |

❹
| 4 |
| |
| 5 |

❺
| 8 |
| 1 |
| |

❻
| |
| 6 |
| 1 |

❼ | 2 | | 7 |

❽ | | 1 | 1 |

❾ | 3 | 2 | |

❿
| |
| 3 |
| 3 |

⓫
| 6 |
| 2 |
| |

⓬
| 5 |
| |
| 1 |

⓭
| 1 |
| 3 |
| |

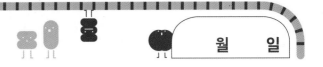

✚ 가로, 세로 세 수의 합이 10이 되도록 빈칸에 알맞은 수를 써넣으시오.

❶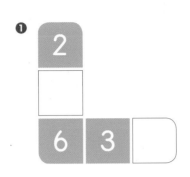

❷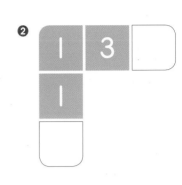

❸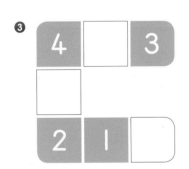

❹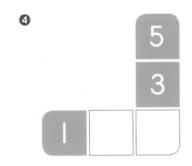

❺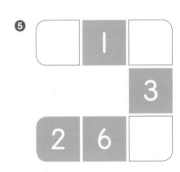

❻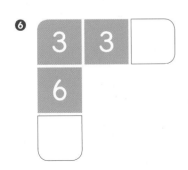

❼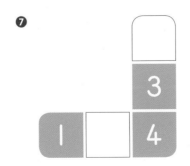

❽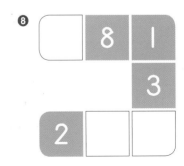

모빌

● 모빌이 평형이 되도록 빈칸에 알맞은 수를 써넣으시오.

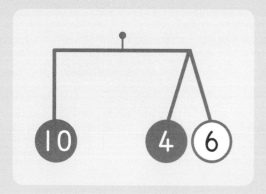

❶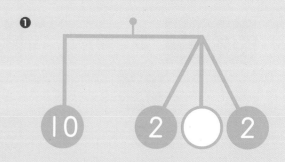

❷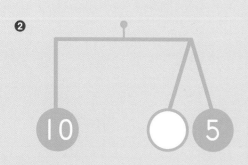

❸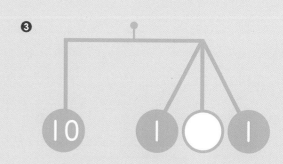

❹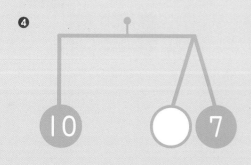

❺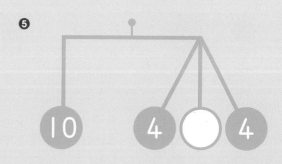

❻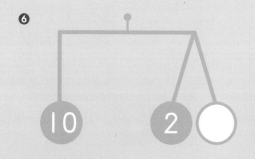

❼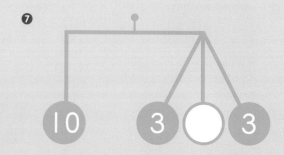

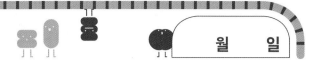

➕ 모빌이 평형이 되도록 빈칸에 　　 안의 수를 써넣으시오.

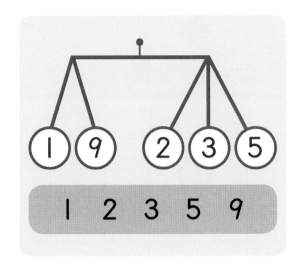

1 2 3 5 9

❶

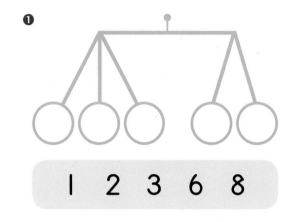

1 2 3 6 8

❷

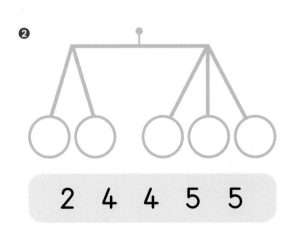

2 4 4 5 5

❸

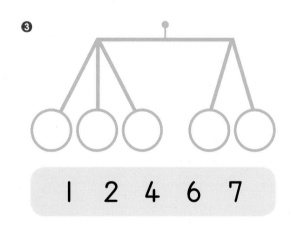

1 2 4 6 7

❹

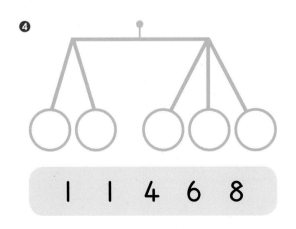

1 1 4 6 8

❺

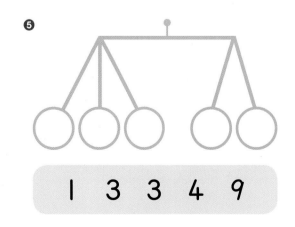

1 3 3 4 9

잘 공부했는지 알아봅시다

1 합이 **10**이 되도록 방 세 개를 지나는 길을 그으시오.

❶
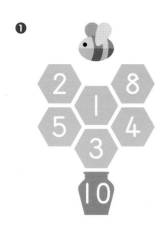

❷

2 모빌이 평형이 되도록 빈칸에 알맞은 수를 써넣으시오.

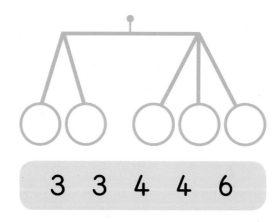

3 한 줄의 합이 **10**이 되도록 빈칸에 알맞은 수를 써넣으시오.

❶
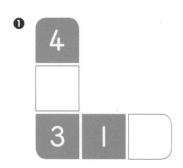

❷
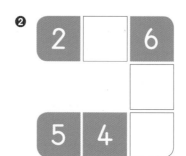

❸
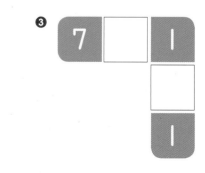

5 10이 되는 더하기

네모셈

● 그림을 보고 □ 안에 알맞은 수를 써넣으시오.

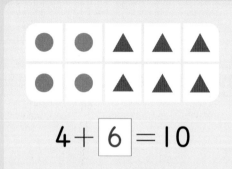

$4 + \boxed{6} = 10$

❶

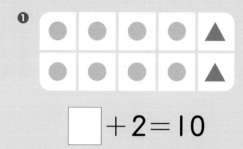

$\boxed{} + 2 = 10$

❷

$5 + \boxed{} = 10$

❸

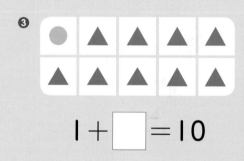

$1 + \boxed{} = 10$

❹

$\boxed{} + 3 = 10$

❺

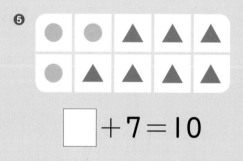

$\boxed{} + 7 = 10$

❻

$6 + \boxed{} = 10$

❼

$9 + \boxed{} = 10$

✚ □ 안에 들어갈 수만큼 ○표 하고, 알맞은 수를 써넣으시오.

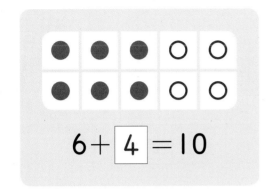

$6 + \boxed{4} = 10$

❶

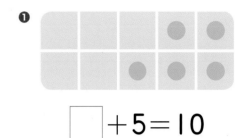

$\boxed{} + 5 = 10$

❷

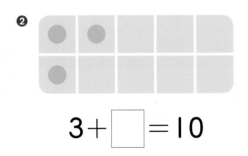

$3 + \boxed{} = 10$

❸

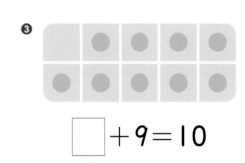

$\boxed{} + 9 = 10$

❹

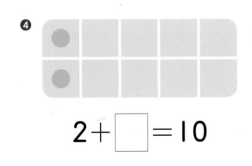

$2 + \boxed{} = 10$

❺

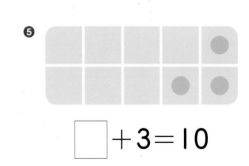

$\boxed{} + 3 = 10$

❻

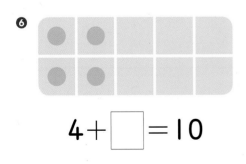

$4 + \boxed{} = 10$

❼

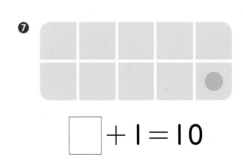

$\boxed{} + 1 = 10$

수직선

● 빈칸에 알맞은 수를 써넣으시오.

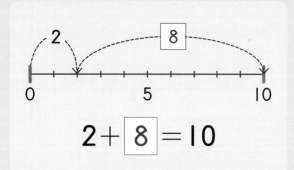

$$2 + \boxed{8} = 10$$

❶
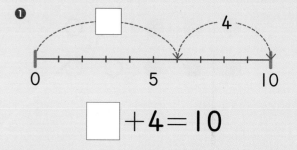

$$\boxed{} + 4 = 10$$

❷
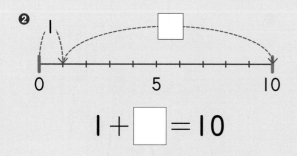

$$1 + \boxed{} = 10$$

❸
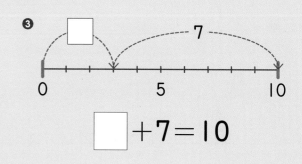

$$\boxed{} + 7 = 10$$

❹
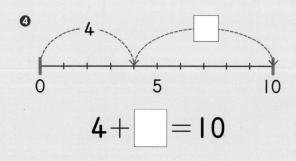

$$4 + \boxed{} = 10$$

❺
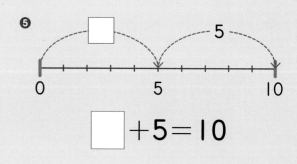

$$\boxed{} + 5 = 10$$

❻
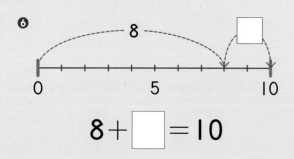

$$8 + \boxed{} = 10$$

❼
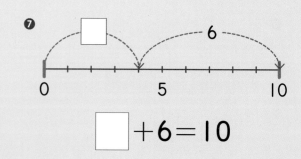

$$\boxed{} + 6 = 10$$

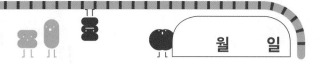
⊕ 수직선을 보고 빈칸에 알맞은 수를 써넣으시오.

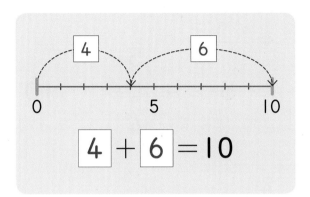

$$4 + 6 = 10$$

❶
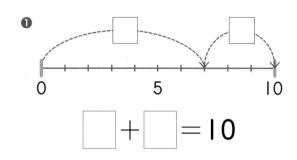

$$\square + \square = 10$$

❷
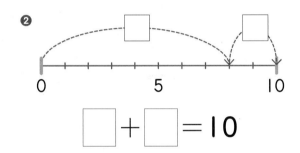

$$\square + \square = 10$$

❸
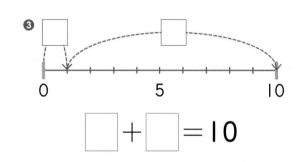

$$\square + \square = 10$$

❹
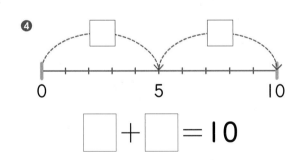

$$\square + \square = 10$$

❺
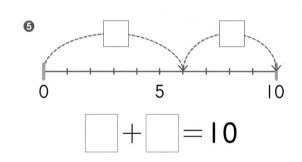

$$\square + \square = 10$$

❻
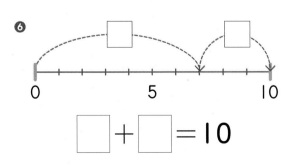

$$\square + \square = 10$$

❼
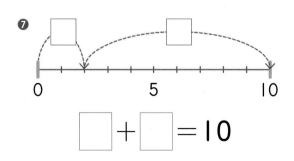

$$\square + \square = 10$$

비행접시

계산 결과에 맞게 선을 그리시오.

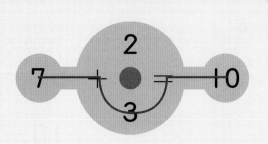

❶ 5 + 5 / 4 = 10

❷ 2 + 8 / 7 = 10

❸ 4 + 5 / 6 = 10

❹ 9 + 1 / 2 = 10

❺ 3 + 8 / 7 = 10

❻ 6 + 3 / 4 = 10

❼ 8 + 2 / 1 = 10

❽ 1 + 9 / 8 = 10

❾ 7 + 3 / 4 = 10

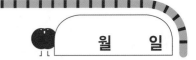

● ○ 안에 알맞은 수를 써넣으시오.

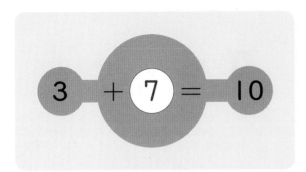

$3 + 7 = 10$

❶ $4 + \bigcirc = 10$

❷ $7 + \bigcirc = 10$

❸ $9 + \bigcirc = 10$

❹ $2 + \bigcirc = 10$

❺ $5 + \bigcirc = 10$

❻ $6 + \bigcirc = 10$

❼ $8 + \bigcirc = 10$

❽ $1 + \bigcirc = 10$

❾ $3 + \bigcirc = 10$

미로

● 합이 10이 되는 길을 따라 가시오.

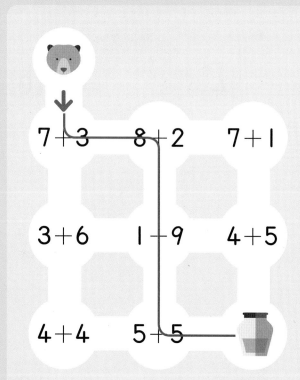

7+3   8+2   7+1

3+6   1+9   4+5

4+4   5+5

❶

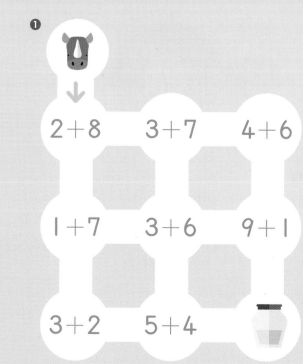

2+8   3+7   4+6

1+7   3+6   9+1

3+2   5+4

❷

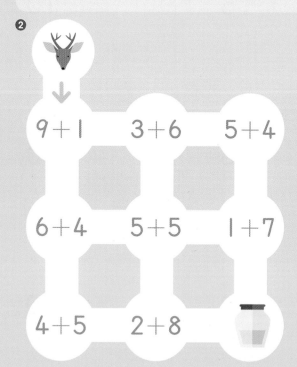

9+1   3+6   5+4

6+4   5+5   1+7

4+5   2+8

❸

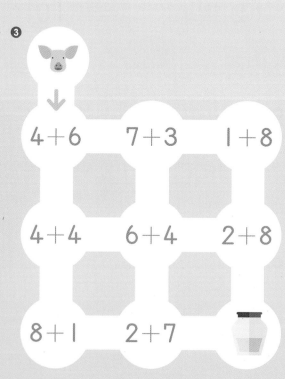

4+6   7+3   1+8

4+4   6+4   2+8

8+1   2+7

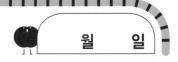

⊕ 합이 **10**이 되는 길을 따라 가시오.

1+9	8+1	4+5	6+3	3+6	4+4
2+8	7+3	6+4	5+5	7+1	2+6
1+7	2+6	3+5	3+7	4+3	5+3
8+1	10+0	9+1	8+2	6+1	7+1
3+4	4+6	2+7	4+5	7+2	9+0
3+6	1+9	7+3	5+5	2+8	

잘 공부했는지 알아봅시다

1 □ 안에 들어갈 수 만큼 ○표 하고, 알맞은 수를 써넣으시오.

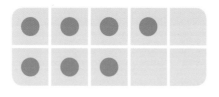

$$7 + \boxed{} = 10$$

2 수직선을 보고 빈칸에 알맞은 수를 써넣으시오.

❶

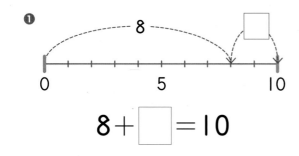

$$8 + \boxed{} = 10$$

❷

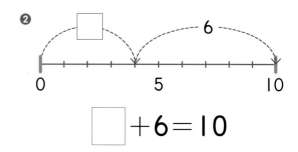

$$\boxed{} + 6 = 10$$

3 합이 10이 되는 길을 따라 가시오.

$$8+2 \qquad 9+0 \qquad 2+7$$

$$3+7 \qquad 5+5 \qquad 6+4$$

$$6+3 \qquad 4+5$$

6

10에서 빼기

그림셈

● 그림을 보고 □ 안에 알맞은 수를 써넣으시오.

$$10 - 4 = \boxed{6}$$

❶

$$10 - 8 = \boxed{}$$

❷

$$10 - 3 = \boxed{}$$

❸

$$10 - 5 = \boxed{}$$

$$10 - 1 = \boxed{9}$$

❹

$$10 - 6 = \boxed{}$$

❺

$$10 - 2 = \boxed{}$$

❻

$$10 - 7 = \boxed{}$$

⊕ 그림을 보고 □ 안에 알맞은 수를 써넣으시오.

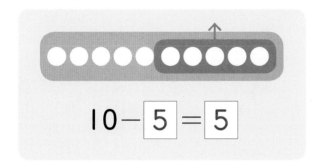

$10 - \boxed{5} = \boxed{5}$

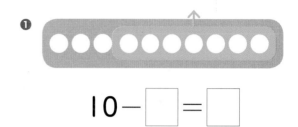

❶

$10 - \boxed{} = \boxed{}$

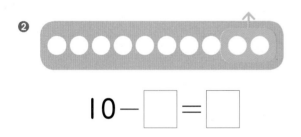

❷

$10 - \boxed{} = \boxed{}$

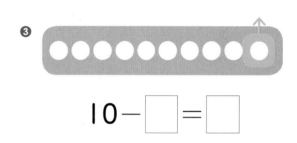

❸

$10 - \boxed{} = \boxed{}$

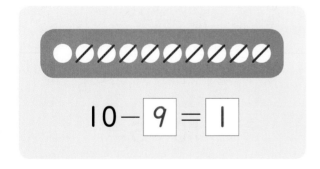

$10 - \boxed{9} = \boxed{1}$

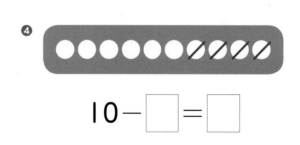

❹

$10 - \boxed{} = \boxed{}$

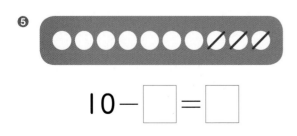

❺

$10 - \boxed{} = \boxed{}$

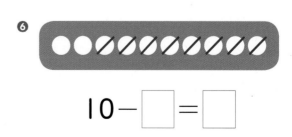

❻

$10 - \boxed{} = \boxed{}$

수직선

● 빈칸에 알맞은 수를 써넣으시오.

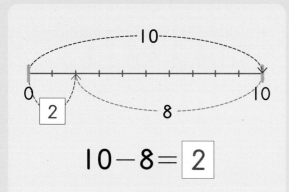

$$10-8=\boxed{2}$$

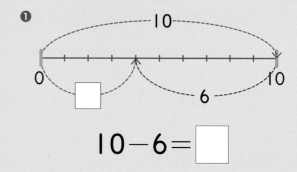

$$10-6=\boxed{}$$

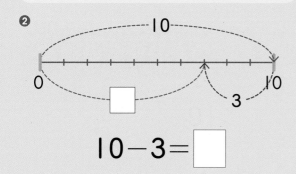

$$10-3=\boxed{}$$

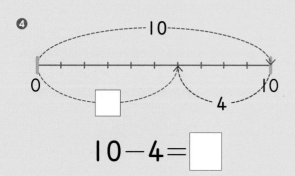

$$10-9=\boxed{}$$

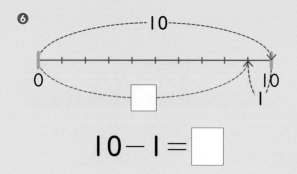

$$10-4=\boxed{}$$

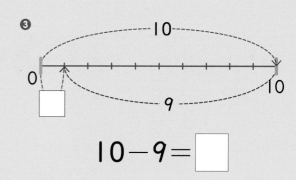

$$10-5=\boxed{}$$

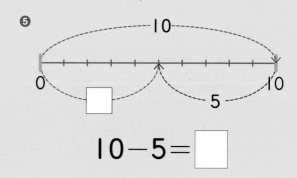

$$10-1=\boxed{}$$

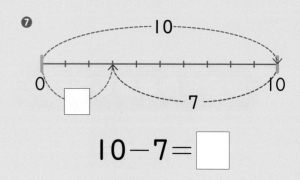

$$10-7=\boxed{}$$

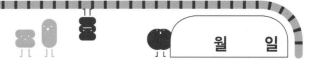

● 수직선을 보고 빈칸에 알맞은 수를 써넣으시오.

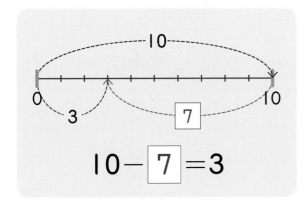

$10 - \boxed{7} = 3$

❶

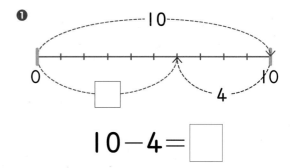

$10 - 4 = \boxed{}$

❷

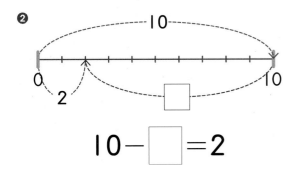

$10 - \boxed{} = 2$

❸

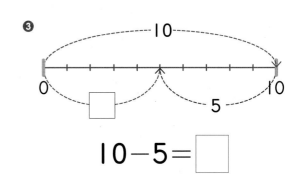

$10 - 5 = \boxed{}$

❹

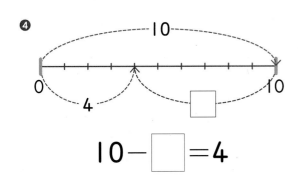

$10 - \boxed{} = 4$

❺

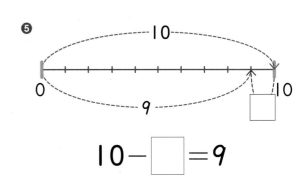

$10 - \boxed{} = 9$

❻

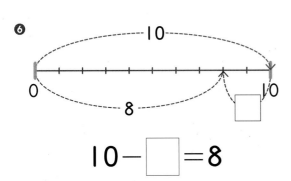

$10 - \boxed{} = 8$

❼

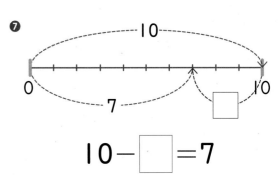

$10 - \boxed{} = 7$

갈림길

● 계산에 맞게 선을 그으시오.

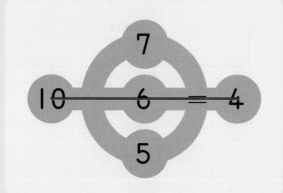

①

$$10 - 2 = 7$$

4
2
3

②

$$10 - 1 = 2$$

8
1
3

③

$$10 - 1 = 9$$

3
1
2

④

$$10 - 6 = 5$$

4
6
5

⑤

$$10 - 5 = 6$$

4
5
3

⑥

$$10 - 8 = 3$$

7
8
6

⑦

$$10 - 3 = 8$$

4
3
2

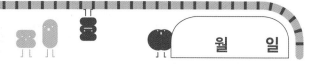

◈ 빈칸에 알맞은 수를 써넣으시오.

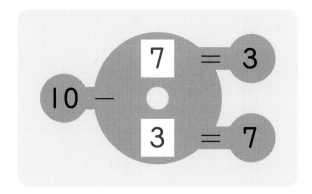

❶
$$10 - \boxed{} = 8$$
$$= 2$$

❷
$$10 - \boxed{} = 6$$
$$= 4$$

❸
$$10 - \boxed{} = 1$$
$$= 9$$

❹
$$10 - \boxed{} = 7$$
$$= 6$$

❺
$$10 - \boxed{} = 9$$
$$= 8$$

❻
$$10 - \boxed{} = 5$$
$$= 6$$

❼
$$10 - \boxed{} = 1$$
$$= 2$$

결과 선잇기

계산 결과가 작은 수부터 차례로 선을 이으시오.

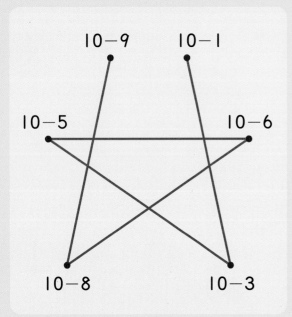

❶

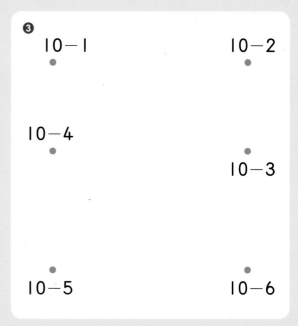

❷

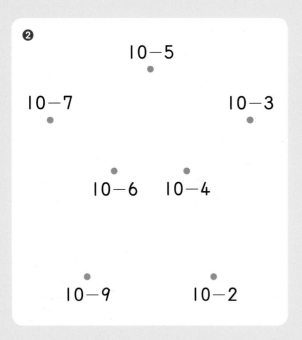

❸

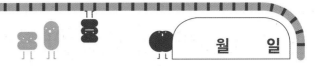

⊕ □ 안의 수가 작은 수부터 차례로 선을 이으시오.

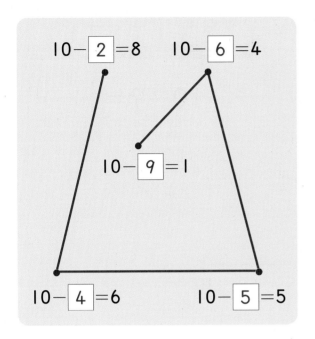

10− 2 =8   10− 6 =4

10− 9 =1

10− 4 =6   10− 5 =5

❶

10− □ =3   10− □ =5

10− □ =1

10− □ =7   10− □ =9

❷

10− □ =4   10− □ =6

10− □ =5

10− □ =3   10− □ =8

❸

10− □ =9

10− □ =7   10− □ =3

10− □ =2

10− □ =6   10− □ =5

잘 공부했는지 알아봅시다

1 그림을 보고 □ 안에 알맞은 수를 써넣으시오.

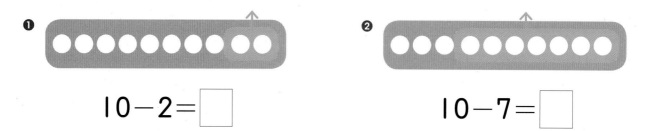

❶
$$10-2=\boxed{}$$

❷
$$10-7=\boxed{}$$

2 수직선을 보고 빈칸에 알맞은 수를 써넣으시오.

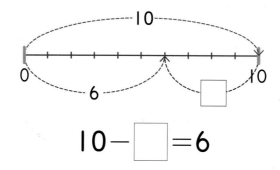

$$10-\boxed{}=6$$

3 계산 결과가 작은 수부터 차례로 선을 이으시오.

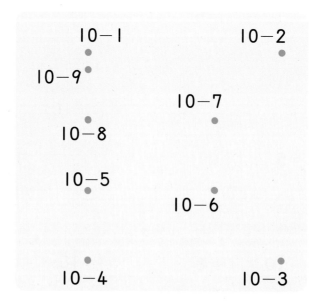

10−1   10−2

10−9

10−7

10−8

10−5

10−6

10−4   10−3

7

더하기와 빼기

길이셈

● 그림을 보고 빈칸에 알맞은 수를 써넣으시오.

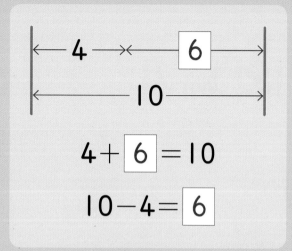

$4 + 6 = 10$

$10 - 4 = 6$

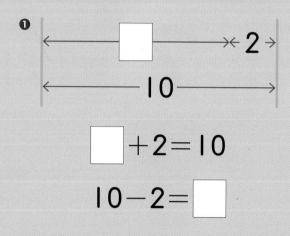

$\square + 2 = 10$

$10 - 2 = \square$

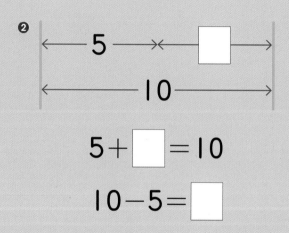

$5 + \square = 10$

$10 - 5 = \square$

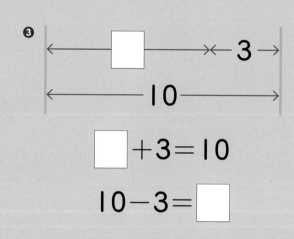

$\square + 3 = 10$

$10 - 3 = \square$

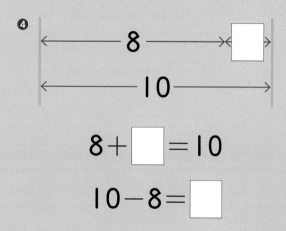

$8 + \square = 10$

$10 - 8 = \square$

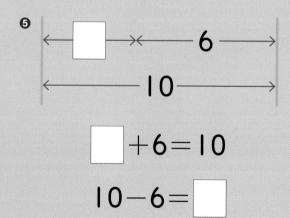

$\square + 6 = 10$

$10 - 6 = \square$

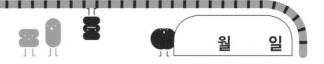
● 그림을 보고 빈칸에 알맞은 수를 써넣으시오.

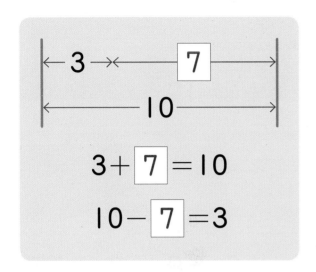

$3 + \boxed{7} = 10$

$10 - \boxed{7} = 3$

❶
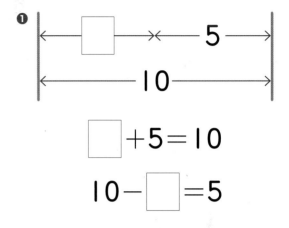

$\boxed{} + 5 = 10$

$10 - \boxed{} = 5$

❷
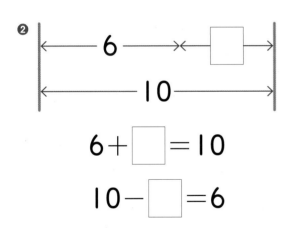

$6 + \boxed{} = 10$

$10 - \boxed{} = 6$

❸
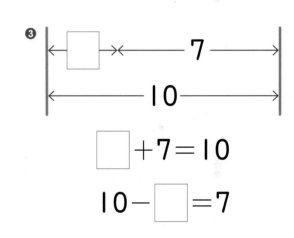

$\boxed{} + 7 = 10$

$10 - \boxed{} = 7$

❹
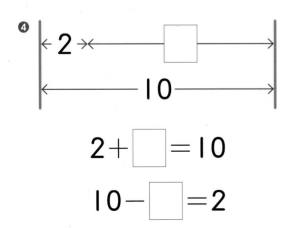

$2 + \boxed{} = 10$

$10 - \boxed{} = 2$

❺
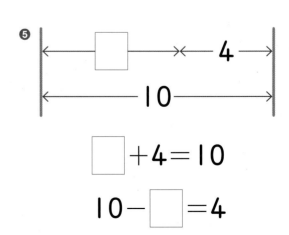

$\boxed{} + 4 = 10$

$10 - \boxed{} = 4$

관계셈

● 덧셈식을 보고 뺄셈식을 두 개 만드시오.

$2+8=10$
$10-8=2$
$10-2=8$

❶ $6+4=10$

❷ $7+3=10$

❸ $1+9=10$

● 뺄셈식을 보고 덧셈식을 두 개 만드시오.

$10-3=7$
$3+7=10$
$7+3=10$

❹ $10-8=2$

❺ $10-9=1$

❻ $10-4=6$

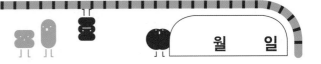

안의 수를 사용하여 덧셈식과 뺄셈식을 각각 두 개씩 만드시오.

$$6 + 4 = 10$$
$$4 + 6 = 10$$

4 6 10

$$10 - 4 = 6$$
$$10 - 6 = 4$$

❶ ☐ + ☐ = ☐
☐ + ☐ = ☐

3 7 10

☐ − ☐ = ☐
☐ − ☐ = ☐

❷ ☐ + ☐ = ☐
☐ + ☐ = ☐

9 1 10

☐ − ☐ = ☐
☐ − ☐ = ☐

❸ ☐ + ☐ = ☐
☐ + ☐ = ☐

2 8 10

☐ − ☐ = ☐
☐ − ☐ = ☐

❹ ☐ + ☐ = ☐
☐ + ☐ = ☐

4 6 10

☐ − ☐ = ☐
☐ − ☐ = ☐

계단셈

● 빈칸에 알맞은 수를 써넣으시오.

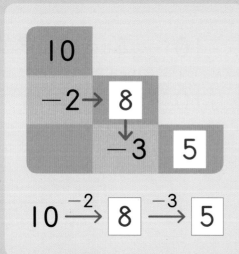

$$10 \xrightarrow{-2} 8 \xrightarrow{-3} 5$$

❶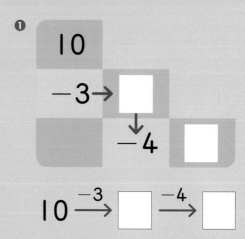

$$10 \xrightarrow{-3} \boxed{} \xrightarrow{-4} \boxed{}$$

❷

$$10 \xrightarrow{-1} \boxed{} \xrightarrow{-5} \boxed{}$$

❸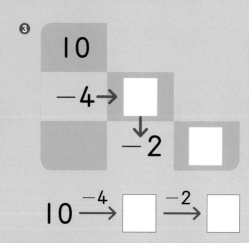

$$10 \xrightarrow{-4} \boxed{} \xrightarrow{-2} \boxed{}$$

❹

$$10 \xrightarrow{-5} \boxed{} \xrightarrow{-4} \boxed{}$$

❺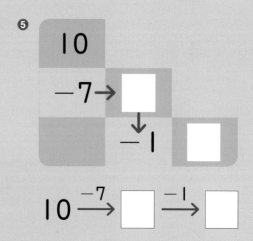

$$10 \xrightarrow{-7} \boxed{} \xrightarrow{-1} \boxed{}$$

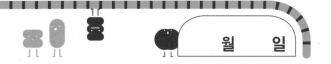
⊕ 빈칸에 알맞은 수를 써넣으시오.

$5 \xrightarrow{+2} 7 \xrightarrow{+3} 10$

❶

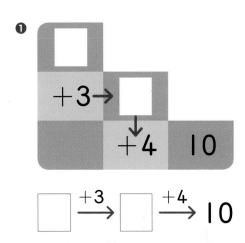

$\boxed{} \xrightarrow{+3} \boxed{} \xrightarrow{+4} 10$

❷

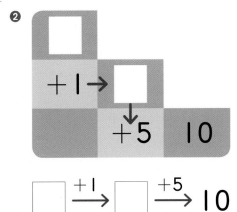

$\boxed{} \xrightarrow{+1} \boxed{} \xrightarrow{+5} 10$

❸

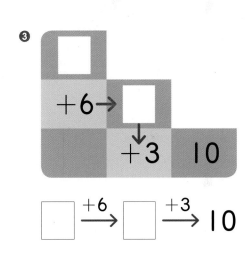

$\boxed{} \xrightarrow{+6} \boxed{} \xrightarrow{+3} 10$

❹

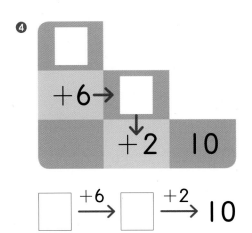

$\boxed{} \xrightarrow{+6} \boxed{} \xrightarrow{+2} 10$

❺

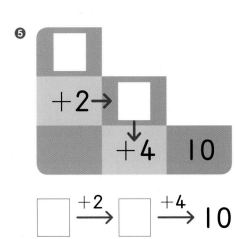

$\boxed{} \xrightarrow{+2} \boxed{} \xrightarrow{+4} 10$

대소셈

● 상자 안의 수를 식에 맞게 써넣으시오.

$10 - \boxed{6} < 5$ 5

$10 - \boxed{5} = 5$ 4

$10 - \boxed{4} > 5$ 6

❶ $10 - \boxed{} < 3$ 8

$10 - \boxed{} = 3$ 7

$10 - \boxed{} > 3$ 6

❷ $10 - \boxed{} < 2$ 7

$10 - \boxed{} = 2$ 9

$10 - \boxed{} > 2$ 8

❸ $10 - \boxed{} < 4$ 5

$10 - \boxed{} = 4$ 6

$10 - \boxed{} > 4$ 7

❹ $10 - \boxed{} < 7$ 3

$10 - \boxed{} = 7$ 4

$10 - \boxed{} > 7$ 2

❺ $10 - \boxed{} < 6$ 5

$10 - \boxed{} = 6$ 3

$10 - \boxed{} > 6$ 4

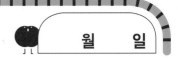

✚ □ 안에 들어갈 수 있는 수에 ◯표 하시오.

$10 - \square > 7$

② 3 4

❶ $10 - \square = 5$

3 4 5

❷ $10 - \square < 4$

5 6 7

❸ $10 - \square > 6$

4 3 5

❹ $10 - \square = 2$

7 9 8

❺ $10 - \square < 3$

8 7 6

❻ $10 - \square > 8$

2 3 1

❼ $10 - \square = 7$

3 2 4

❽ $10 - \square < 6$

5 4 3

❾ $10 - \square > 4$

7 5 6

❿ $10 - \square = 3$

6 8 7

⓫ $10 - \square < 7$

4 3 2

1 뺄셈식을 보고 덧셈식을 두 개 만드시오.

$$10-6=4$$

$$\square + \square = \square$$

$$\square + \square = \square$$

2 □ 안에 들어갈 수 있는 수에 ○표 하시오.

❶ $10-\square>5$

4　5　6

❷ $10-\square<3$

6　7　8

3 빈칸에 알맞은 수를 써넣으시오.

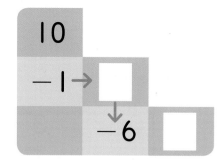

$$10 \xrightarrow{-1} \square \xrightarrow{-6} \square$$

8 세 수의 계산

세 화살

◑ 화살이 꽂힌 세 수의 합이 10이 되도록 나머지 한 개의 화살을 그리시오.

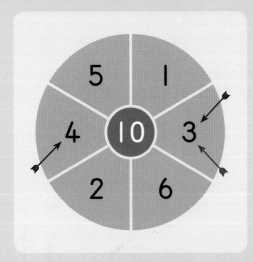

❶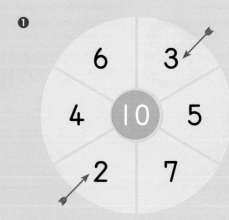

❷

❸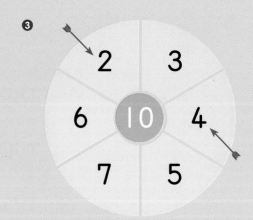

❹

❺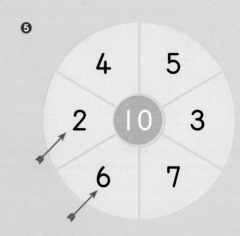

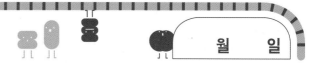

⊕ 세 수의 합이 10이 되도록 나머지 두 개의 화살을 그리시오.

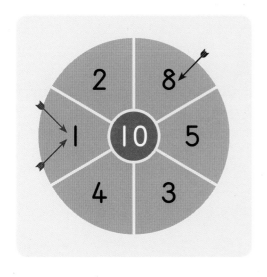

❶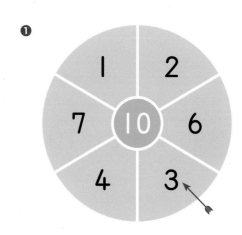

❷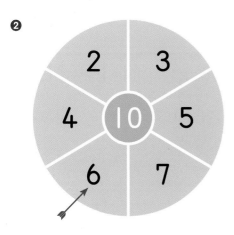

❸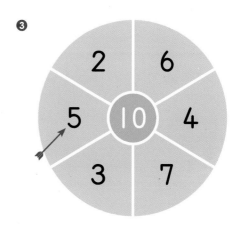

❹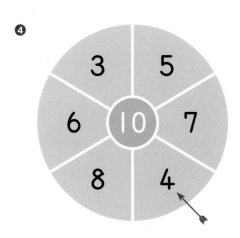

❺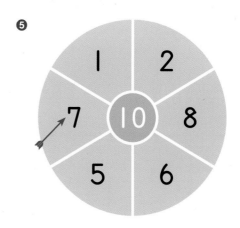

세 수 수직선

● 빈칸에 알맞은 수를 써넣으시오.

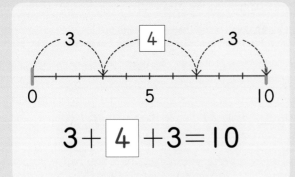

$$3 + \boxed{4} + 3 = 10$$

❶

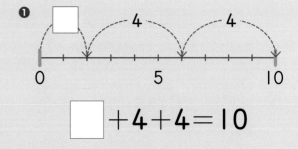

$$\boxed{} + 4 + 4 = 10$$

❷

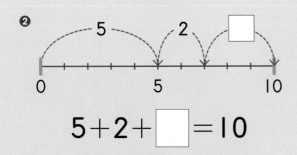

$$5 + 2 + \boxed{} = 10$$

❸

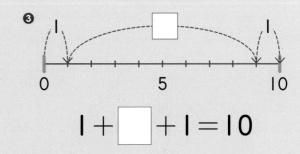

$$1 + \boxed{} + 1 = 10$$

❹

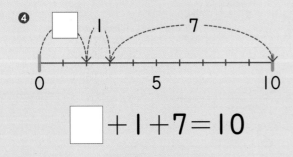

$$\boxed{} + 1 + 7 = 10$$

❺

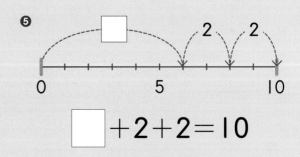

$$\boxed{} + 2 + 2 = 10$$

❻

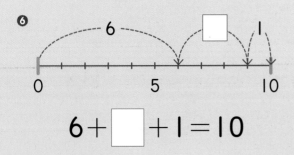

$$6 + \boxed{} + 1 = 10$$

❼

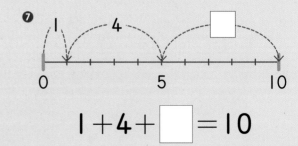

$$1 + 4 + \boxed{} = 10$$

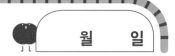

□ 안에 알맞은 수를 써넣으시오.

$\boxed{5}+3+2=10$

❶ $8+\boxed{}+1=10$

❷ $2+1+\boxed{}=10$

❸ $\boxed{}+5+1=10$

❹ $4+\boxed{}+4=10$

❺ $3+4+\boxed{}=10$

❻ $\boxed{}+3+1=10$

❼ $5+\boxed{}+3=10$

❽ $1+4+\boxed{}=10$

❾ $\boxed{}+2+2=10$

❿ $5+\boxed{}+1=10$

⓫ $2+7+\boxed{}=10$

⓬ $\boxed{}+1+1=10$

⓭ $6+\boxed{}+3=10$

자동차 길

● 길을 따라 계산하여 빈칸에 알맞은 수를 써넣으시오.

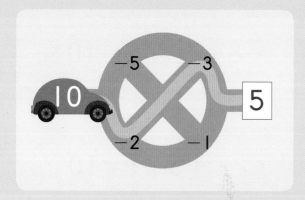

❶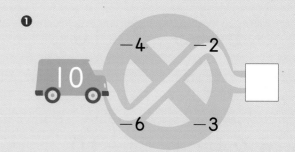

❷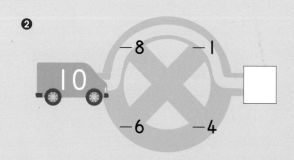

❸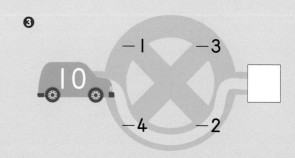

❹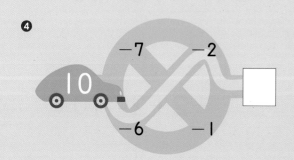

❺

❻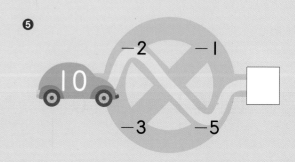

❼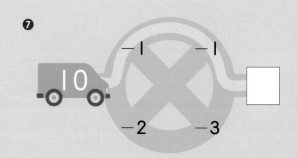

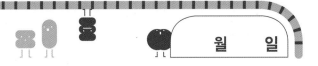

⊕ 계산 결과에 맞게 자동차 길을 그리시오.

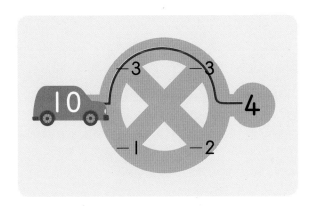

❶
-1　-6
10　5
-2　-4

❷
-1　-2
10　3
-3　-4

❸
-5　-2
10　2
-6　-1

❹
-4　-3
10　1
-2　-5

❺
-2　-4
10　4
-3　-5

❻
-2　-1
10　6
-3　-4

❼
-5　-3
10　3
-6　-2

경우의 과녁

◑ 화살이 꽂힌 세 수의 합이 10이 되도록 나머지 두 개의 화살을 그리시오.

❶

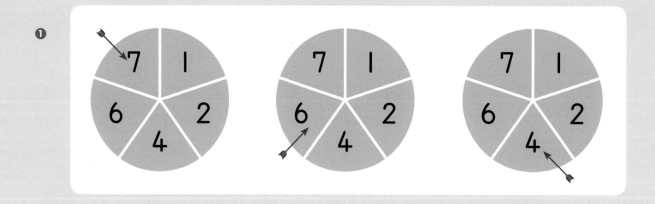

❷

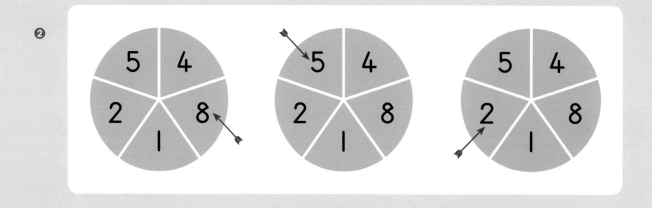

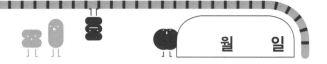

세 수의 합이 **10**이 되도록 세 개의 화살을 그리시오. 세 가지 경우가 있습니다.

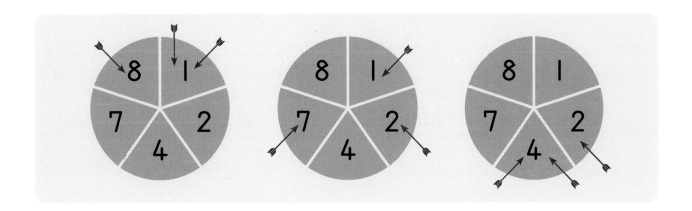

❶

2 3 7 4 5	2 3 7 4 5	2 3 7 4 5

❷

2 4 1 5 6	2 4 1 5 6	2 4 1 5 6

1 수직선의 빈칸에 알맞은 수를 써넣으시오.

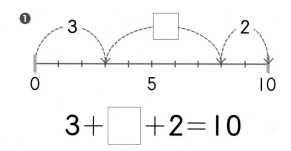

$3+\boxed{}+2=10$

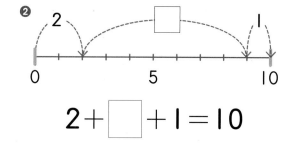

$2+\boxed{}+1=10$

2 세 수의 합이 10이 되도록 나머지 두 개의 화살을 그리시오.

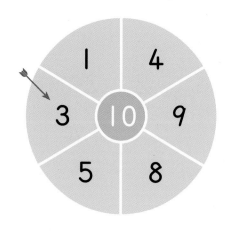

3 계산 결과에 맞게 자동차 길을 그리시오.

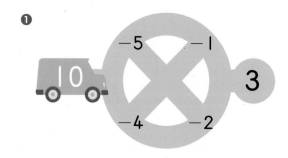

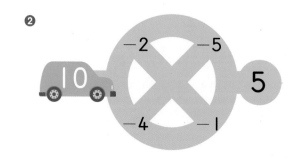

MEMO

MEMO

상위권수학

정답 및 해설
Guide Book

7세 2호
10 만들기

NE 능률

10 가르기

161

● 가르기한 수에 맞게 선을 그어 두 부분으로 나누어 보시오.

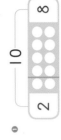

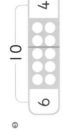
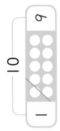
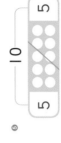
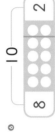

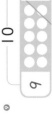

● 선의 모양에서 답안과 10 가르기와 모으기는 10 가르기를 익히고 덧셈에서의 받아올림, 뺄셈에서 받아내림에 대한 사전 개념 형성에 도움이 됩니다.

● 나누어진 구슬의 수에 맞게 10을 가르기 하시오.

가르기한 개수가 달라도 가르기한 개수가 같으면 정답입니다.

① 주차

162 가르기 선잇기

● 점을 연결하여 10을 가르기 하시오.

10과 5와 5로 갈라집니다.

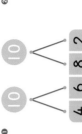
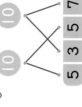
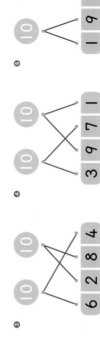
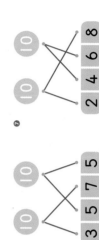
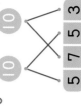

● 점을 연결하여 두 개의 10을 가르기 하시오.

10은 7과 3, 1과 9로 갈라집니다.

두 수를 연결한 선이 모양이 달라도 수의 쌍이 같으면 정답입니다.

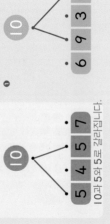
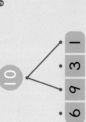
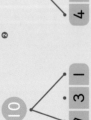

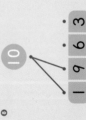

163 다면 가르기

● 가르기 하여 빈칸에 알맞은 수를 세넣으시오.

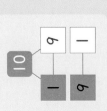

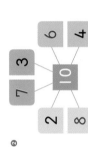

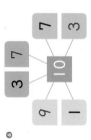

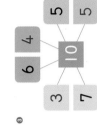

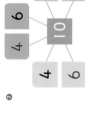

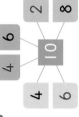

● 가르기 하여 빈칸에 알맞은 수를 세넣으시오.

10을 0과 10으로 가르는 것은 구체적 활동이 아니므로 이 단계에서는 다루지 않습니다.

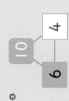

사고셈 | 정답 및 해설

1 주차

164 이층 가르기

10을 두 번 가른 것입니다. 빈칸에 알맞은 수를 써넣으시오.

10은 두 번 가른 것입니다.
5는 4와 1로 갈라집니다.

● 10을 두 번 가른 것입니다. 빈칸에 알맞은 수를 써넣으시오.

① 4는 2와 2로 갈라집니다.
② 6은 4와 6으로 갈라집니다.

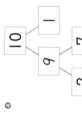

① 8은 5와 3으로 갈라집니다.
② 10은 2와 8로 갈라집니다.

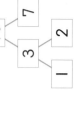

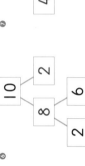

잘 공부했는지 알아봅시다

P.16

월 일

1 그림을 보고 빈칸에 알맞은 수를 써넣으시오.

10을 5와 5로 가를 수 있습니다.

2 10을 두 수로 가르고, 그 수에 맞게 도미노 점을 그리시오.

❶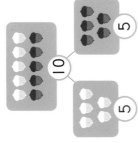

❷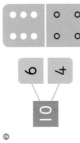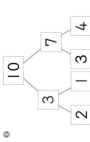

도미노의 점의 개수가 10을 가르는 표의 두 수임을 알고, 표의 빈칸에 알맞은 수를 세넣은 뒤 도미노의 빈칸을 완성합니다.

3 빈칸에 알맞은 수를 써넣으시오.

❶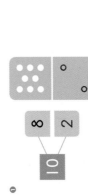

❷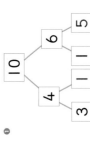

165 10 모으기

● 그림을 보고 빈칸에 알맞은 수를 써넣으세요.

8과 2를 모으면 10입니다.

 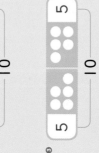    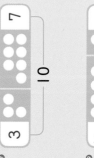  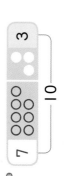 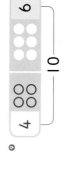

● 모두 10이 되도록 ○를 그리고, 빈칸에 알맞은 수를 세어넣으세요.

166 모아 10 가르기

● 가르고 모아 빈칸에 알맞은 수를 써넣으시오.

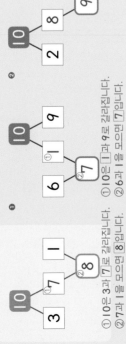

① 10은 3과 7로 갈라집니다.
② 7과 1을 모으면 8입니다.

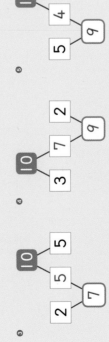

① 10은 1과 9로 갈라집니다.
② 6과 1을 모으면 7입니다.

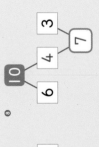

② 주차

● 모아서 ▨ 안의 수가 되도록 10을 가르기 하시오.

① 4와 2를 모으면 6입니다.
② 10은 6과 4로 갈라집니다.

① 2와 5를 모으면 7입니다.
② 10은 8과 2로 갈라집니다.

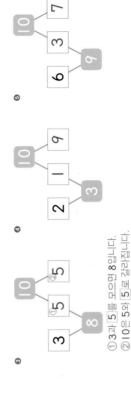

① 3과 5를 모으면 8입니다.
② 10은 5와 5로 갈라집니다.

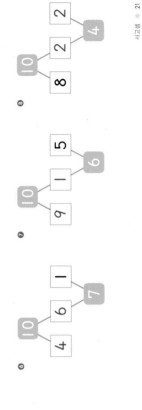

사고셈 | 정답 및 해설

월   일

주차 ②

P. 22 • P. 23

갈라 10 모으기

167

● 가르고 모아 빈칸에 알맞은 수를 써넣으시오.

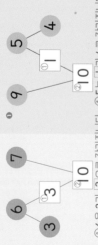

① 6은 3과 3으로 갈라집니다.
② 3과 7을 모으면 10입니다.

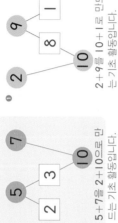

① 5는 1과 4로 갈라집니다.
② 9와 1을 모으면 10입니다.

갈라 10 모으기는 받아 올림이 있는 덧셈을 위한 기초 활동입니다.
10 가르기와 모으기 전체 학습은 갈라 10 모으기를 위한 활동이라 할 만큼 중요한 학습 모형입니다.

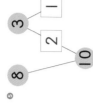

5+7을 2+10으로 만드는 기초 활동입니다.

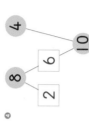

2+9를 10+1로 만드는 기초 활동입니다.

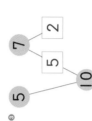

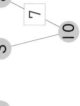

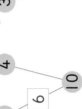

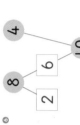

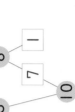

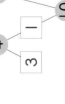

168 이층 모으기

● 모으기 하여 빈칸에 알맞은 수를 써넣으시오.

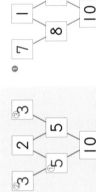

① 3과 2를 모으면 5입니다.
② 2와 3을 모으면 5입니다.
③ 5와 5를 모으면 10입니다.

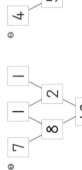

① 2와 1을 모으면 3입니다.
② 1과 6을 모으면 7입니다.
③ 3과 7을 모으면 10입니다.

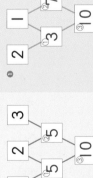

● 모아서 10을 만든 것입니다. 빈칸에 알맞은 수를 써넣으시오.

① 5와 5를 모으면 10입니다.
② 3과 2를 모으면 5입니다.
③ 2와 3을 모으면 5입니다.

모으기는 가르기를 이용해서 구하면 편리할 때가 있습니다.

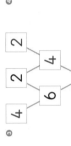
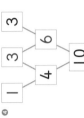

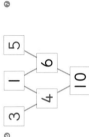
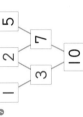
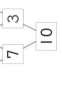

2 주차

잘 공부했는지 알아봅시다

1 모아서 10이 되도록 ○를 그리고 빈칸에 알맞은 수를 세넣으시오.

7과 3을 모으면 10입니다.

2 빈칸에 알맞은 수를 세넣으시오.

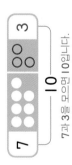      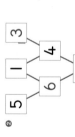

2와 8, 5와 5, 6과 4를 모으면 10입니다.

3 모으기 하여 빈칸에 알맞은 수를 세넣으시오.

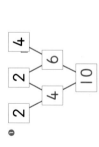

26

169 다리 잇기

● 선으로 이어진 두 수의 합이 10이 되도록 빈칸에 알맞은 수를 써넣으시오.

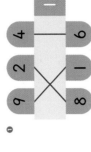

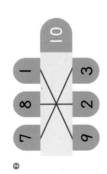

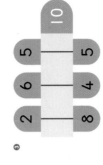

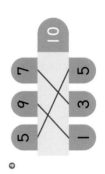

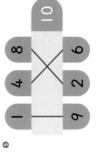

● 연결된 두 수의 합이 10이 되도록 선을 그으시오.

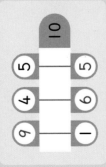

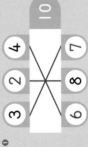

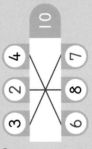

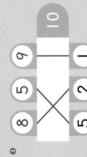

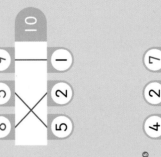

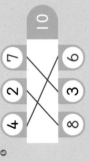

③ 주차

애드벌룬

170

● 풍선 안의 두 수를 모아 10을 만들려고 합니다. 필요 없는 풍선에 × 표 하세요.

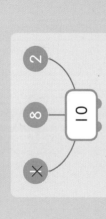
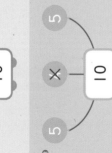
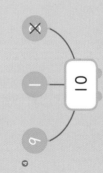
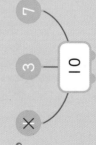

● 풍선 안의 두 수를 모아 10을 만들려고 합니다. 필요 없는 풍선에 × 표 하세요.

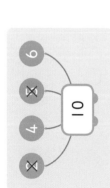

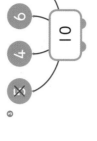
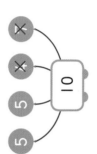

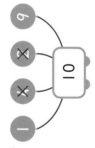
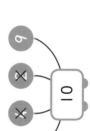

③ 주차

171 10 묶기

● 이웃한 두 수의 합이 10이 되도록 ◯로 묶으시오.

10	3 6 ⑥ ④ 5
10	5 4 7 ② ⑧
10	⑤ ⑤ 4 7 2
10	3 ⑨ ① 8 4
10	2 5 ③ ⑦ 6
10	8 ① ⑨ 4 4

10	① ⑨ 2 7 4
10	4 ⑦ ③ 6 2
10	7 4 ④ ⑥ 3
10	3 9 4 ⑧ ②
10	⑥ ④ 7 1 4
10	2 3 ⑤ ⑤ 6

● 이웃한 두 수의 합이 10이 되도록 ◯로 묶으시오.

②
8	② 1
4	9 5
(10)

③
4	9 6
8	① 7
(10)

④
① 7	③
2 4	8
(10)

⑤
3	5 2
4	⑥ 9
(10)

①
7	5 ⑥
8	7 ④
(10)

④
4	7 2
5	⑤ 9
(10)

⑦
5	④ ⑥ 3
4	8
(10)

⑩
1	① ③ 4
6	7 5
(10)

②
3	6 2
8	③ ⑦
(10)

⑤
7	1 4
② ⑧	7
(10)

⑧
6	① 4 2
3	⑨
(10)

⑩
7	⑤ 4 5
6	3 ⑤
(10)

월 일

③ 주차

양팔저울

172

● 양팔저울이 평형을 이룹니다. 그림에 맞게 알맞은 수를 써넣으시오.

양팔저울의 양쪽에 놓인 무게가 같아야 양팔저울이 평형을 이룹니다. 따라서, 두 물체의 무게의 합이 10이 되도록 수를 넣어야 합니다.

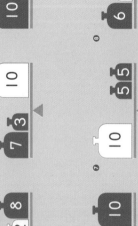

● 그림에 맞게 ⬛ 안의 세 수를 알맞게 세워넣으시오.

추의 크기와 다르게 수를 바꾸어 넣어도 정답입니다.

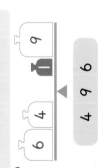
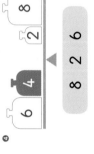
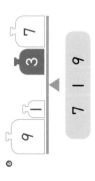
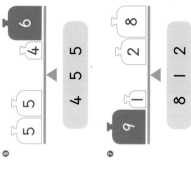

잘 공부했는지 알아봅시다

1 이웃한 두 수의 합이 10이 되도록 ◯로 묶으시오.

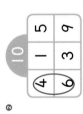

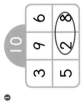

2 양팔저울이 평형을 이룹니다. ▨ 안의 세 수를 알맞게 써넣으시오.

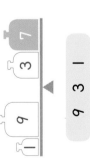

9 3 1

3 연결된 두 수의 합이 10이 되도록 선을 그으시오.

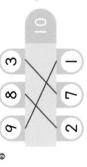

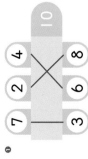

③ 주차

36

P. 38 ● P. 39

④ 주차

173 벌집합

● 합이 100이 되는 곳단지에 ○표 하시오.

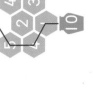

● 합이 100이 도도록 방 세 개를 지나는 길을 그으시오.

174 세 수 묶기

● 이웃한 세 수의 합이 10이 되도록 ○로 묶으시오.

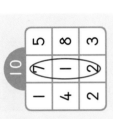

10 3 2 6 2 2

② 10 4 2 1 7 5

④ 10 3 2 5 1 7

⑥ 10 2 6 3 3 4

⑧ 10 4 1 5 2 6

⑩ 10 2 4 6 3 1

① 10 5 1 4 2 6

③ 10 1 3 1 6 2

⑤ 10 7 2 8 1

⑦ 10 5 3 4 2 4

⑨ 10 1 3 4 3 2

⑪ 10 1 8 2 9

40

● 이웃한 세 수의 합이 10이 되도록 ○로 묶으시오.

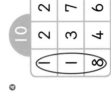

 월 일

   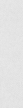     

④ 주차

175 기억의 문마들

세 수의 합이 10이 되도록 빈칸에 알맞은 수를 써넣으시오.

(3, 4, 3)을 모으면 10입니다.

가로, 세로 세 수의 합이 10이 되도록 빈칸에 알맞은 수를 써넣으시오.

(4, 1, 5), (5, 2, 3)을 모으면 10입니다.

월 일

모빌

176

● 모빌이 평행이 되도록 빈칸에 알맞은 수를 써넣으시오.
모빌이 평행이 되려면 모빌 우측의 두 수 또는 세 수의 합이 모두 10이 되어야 합니다.

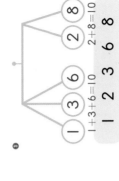

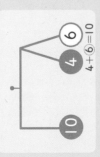

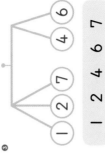

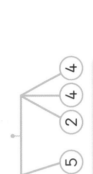

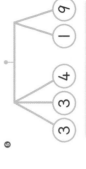

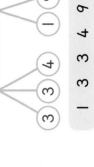

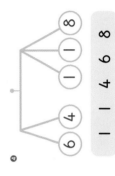

좌우의 수의 합이 같아야 하므로 양쪽의 수의 합을 모두 10이 되도록 만듭니다.
구슬의 순서는 바꾸어도 됩니다.

● 모빌이 평행이 되도록 ██ 안의 수를 써넣으시오.

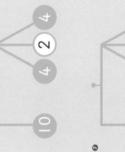

P. 46

④ 주차

잘 공부했는지 알아봅시다

1 합이 10이 되도록 방 세 개를 지나는 길을 그으시오.

①

2+5+3=10

②

6+2+2=10

2 모빌이 평형이 되도록 빈칸에 알맞은 수를 써넣으시오.

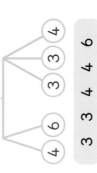

3 3 4 4 6

3 한 줄의 합이 10이 되도록 빈칸에 알맞은 수를 써넣으시오.

①

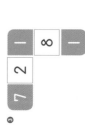

②

③

46

177 네모셈

● 그림을 보고 □ 안에 알맞은 수를 써넣으시오.

② $4+6=10$

④ $5+5=10$

⑥ $7+3=10$

⑧ $6+4=10$

① $8+2=10$

③ $1+9=10$

⑤ $3+7=10$

⑦ $9+1=10$

□ 안에 들어갈 수만큼 ○표 하고, 알맞은 수를 써넣으시오.

합이 10이 되는 덧셈은 10의 보수 관계를 익히는 과정이며 받아올림, 받아내림을 하기 위한 기초 학습입니다.

① $5+5=10$

③ $1+9=10$

⑤ $7+3=10$

⑦ $9+1=10$

⑥ $6+4=10$

② $3+7=10$

④ $2+8=10$

⑥ $4+6=10$

5 주차

수직선

178

빈칸에 알맞은 수를 써넣으시오.

$$2 + 8 = 10$$

0에서 2칸 간 다음 8칸을 더 가면 10이 됩니다.

① $6 + 4 = 10$

0에서 6칸 간 다음, 4칸을 더 가면 10이 됩니다.

③ $3 + 7 = 10$

⑤ $5 + 5 = 10$

⑦ $4 + 6 = 10$

② $1 + 9 = 10$

④ $4 + 6 = 10$

⑥ $8 + 2 = 10$

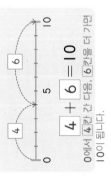
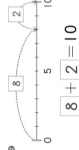
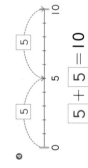
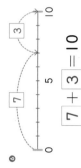
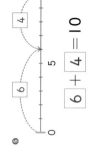
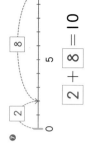

월 일

● 수직선을 보고 빈칸에 알맞은 수를 써넣으시오.

$$4 + 6 = 10$$

0에서 4칸 간 다음, 6칸을 더 가면 10이 됩니다.

① $7 + 3 = 10$

0에서 7칸 간 다음, 3칸을 더 가면 10이 됩니다.

② $8 + 2 = 10$

③ $1 + 9 = 10$

④ $5 + 5 = 10$

⑤ $6 + 4 = 10$

⑥ $7 + 3 = 10$

⑦ $2 + 8 = 10$

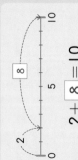

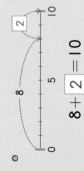
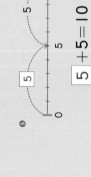
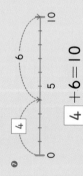

179 비행접시

● 계산 결과에 맞게 선을 그리시오.

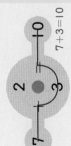
7+3=10

● ○ 안에 알맞은 수를 써넣으시오.

3 + 7 = 10

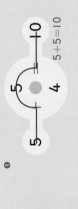

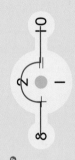
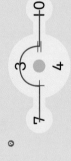

① 4 + 6 = 10
③ 9 + 1 = 10
⑤ 5 + 5 = 10
⑦ 8 + 2 = 10
⑨ 3 + 7 = 10

5 주차

미로

180

● 합이 10이 되는 길을 따라 가시오.

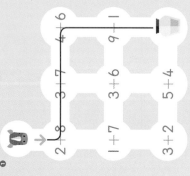

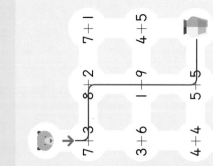

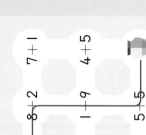

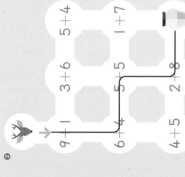

● 합이 10이 되는 길을 따라 가시오.

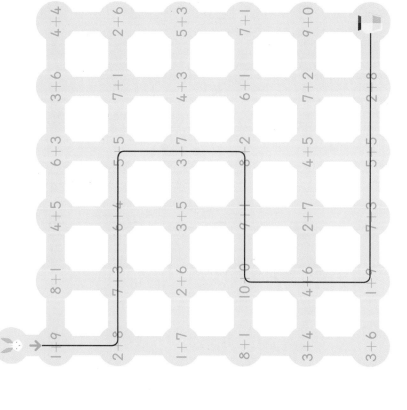

잘 공부했는지 알아봅시다

월 　 일

1 □ 안에 들어갈 수 만큼 ○표 하고, 알맞은 수를 써넣으시오.

$7 + \boxed{3} = 10$

2 수직선을 보고 빈칸에 알맞은 수를 써넣으시오.

❶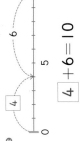

$8 + \boxed{2} = 10$

❷

$\boxed{4} + 6 = 10$

3 합이 10이 되는 길을 따라 가시오.

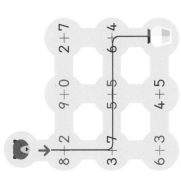

5 주차

56

181

그림셈

● 그림을 보고 □ 안에 알맞은 수를 써넣으시오.

① $10-8=2$

② $10-4=6$

③ $10-5=5$

④ $10-3=7$

⑤ $10-1=9$

⑥ $10-6=4$

⑦ $10-7=3$

⑧ $10-2=8$

● 그림을 보고 □ 안에 알맞은 수를 써넣으시오.

① $10-7=3$

② $10-5=5$

③ $10-1=9$

④ $10-2=8$

⑤ $10-4=6$

⑥ $10-9=1$

⑦ $10-8=2$

⑧ $10-3=7$

수직선

182

● 빈칸에 알맞은 수를 세넣으시오.

$10-8=2$

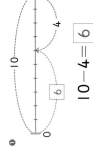
$10-3=7$

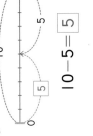
$10-4=6$

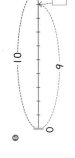
$10-1=9$

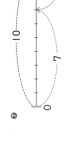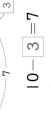

● 수직선을 보고 빈칸에 알맞은 수를 세넣으시오.

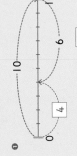
$10-7=3$

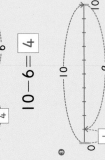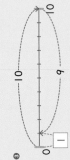
$10-8=2$

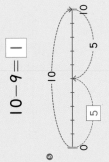
$10-6=4$

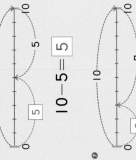
$10-2=8$

$10-6=4$

$10-9=1$

$10-5=5$

$10-7=3$

$10-4=6$

$10-5=5$

$10-1=9$

$10-3=7$

P. 62 • P. 63

⑥ 주차

183 갈림길

● 계산에 맞게 선을 그어요.

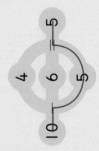
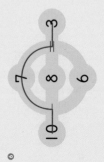

● 빈칸에 알맞은 수를 써넣으시오.

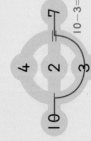

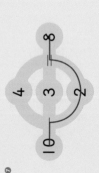

월 일

184 결과 선잇기

● 계산 결과가 작은 수부터 차례로 선을 이으시오.

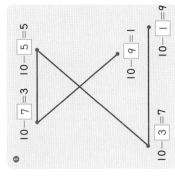

❶

10−8=2
10−3=7
10−9=1
10−2=8
10−5=5
10−7=3

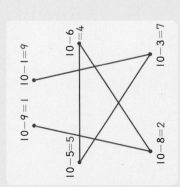

❷

10−1=9
10−6=4
10−5=5
10−9=1
10−3=7
10−8=2

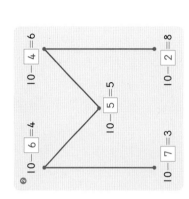

❸

10−1=9
10−4=6
10−2=8
10−3=7
10−5=5
10−6=4

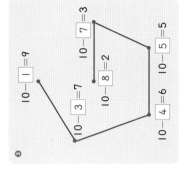

❷

10−5=5
10−3=7
10−4=6
10−7=3
10−6=4
10−9=1
10−2=8

● □ 안의 수가 작은 수부터 차례로 선을 이으시오.

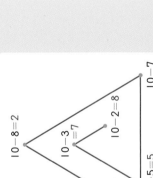

❶

10−7=3
10−5=5
10−9=1
10−3=7
10−1=9

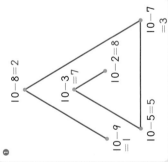

10−2=8
10−6=4
10−9=1
10−5=5
10−4=6

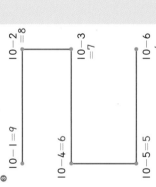

❷

10−6=4
10−4=6
10−5=5
10−2=8
10−6=4
10−7=3

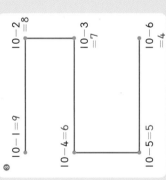

❸

10−1=9
10−7=3
10−3=7
10−8=2
10−5=5
10−4=6

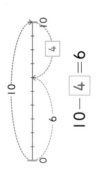
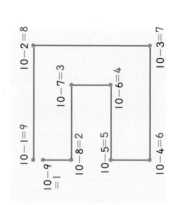

6 주차

잘 공부했는지 알아봅시다

월 일

1 그림을 보고 □ 안에 알맞은 수를 써넣으시오.

❶

$10 - 2 = 8$

❷

$10 - 7 = 3$

2 수직선을 보고 빈칸에 알맞은 수를 써넣으시오.

$10 - 4 = 6$

3 계산 결과가 작은 수부터 차례로 선을 이으시오.

$10-1=9$
$10-9=1$
$10-8=2$
$10-5=5$
$10-4=6$
$10-2=8$
$10-7=3$
$10-6=4$
$10-3=7$

66

185 길이셈

그림을 보고 빈칸에 알맞은 수를 써넣으시오.

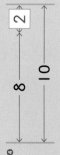

예)
$$4 + 6 = 10$$
$$10 - 4 = 6$$

① $8 + 2 = 10$ $10 - 2 = 8$

② $5 + 5 = 10$ $10 - 5 = 5$

③ $7 + 3 = 10$ $10 - 3 = 7$

④ $8 + 2 = 10$ $10 - 8 = 2$

⑤ $4 + 6 = 10$ $10 - 6 = 4$

그림을 보고 빈칸에 알맞은 수를 써넣으시오.

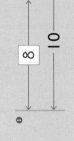
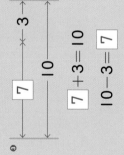
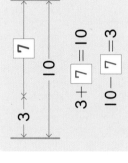
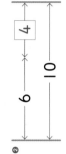
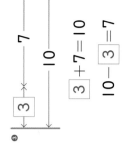
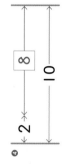

예)
$$3 + 7 = 10$$
$$10 - 7 = 3$$

① $5 + 5 = 10$ $10 - 5 = 5$

② $6 + 4 = 10$ $10 - 4 = 6$

③ $3 + 7 = 10$ $10 - 3 = 7$

④ $2 + 8 = 10$ $10 - 8 = 2$

⑤ $6 + 4 = 10$ $10 - 6 = 4$

7 주차

관계셈

186

● 덧셈식을 보고 뺄셈식을 두 개 만드시오.

2 + 8 = 10
10 − 8 = 2
10 − 2 = 8

① 6 + 4 = 10
10 − 4 = 6
10 − 6 = 4

② 7 + 3 = 10
10 − 3 = 7
10 − 7 = 3

③ 1 + 9 = 10
10 − 1 = 9
10 − 9 = 1

④ 2 + 8 = 10
10 − 8 = 2
8 + 2 = 10

⑤ 4 + 6 = 10
10 − 4 = 6
6 + 4 = 10

● 뺄셈식을 보고 덧셈식을 두 개 만드시오.

10 − 3 = 7
3 + 7 = 10
7 + 3 = 10

⑤ 10 − 9 = 1
1 + 9 = 10
9 + 1 = 10

70

● 안의 수를 사용하여 덧셈식과 뺄셈식을 각각 두 개씩 만드시오.

4 6 10
6 + 4 = 10
4 + 6 = 10
10 − 4 = 6
10 − 6 = 4

① 3 7 10
3 + 7 = 10
7 + 3 = 10
10 − 3 = 7
10 − 7 = 3

② 9 1 10
9 + 1 = 10
1 + 9 = 10
10 − 9 = 1
10 − 1 = 9

③ 2 8 10
2 + 8 = 10
8 + 2 = 10
10 − 2 = 8
10 − 8 = 2

④ 4 6 10
4 + 6 = 10
6 + 4 = 10
10 − 4 = 6
10 − 6 = 4

월 일

계단셈

187

● 빈칸에 알맞은 수를 써넣으시오.

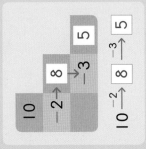

$10 \xrightarrow{-2} 8 \xrightarrow{-3} 5$

$10 \xrightarrow{-1} 9 \xrightarrow{-5} 4$

$10 \xrightarrow{-5} 5 \xrightarrow{-4} 1$

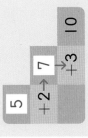

$10 \xrightarrow{-3} 7 \xrightarrow{-4} 3$

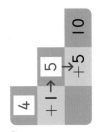

$10 \xrightarrow{-4} 6 \xrightarrow{-2} 4$

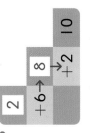

$10 \xrightarrow{-7} 3 \xrightarrow{-1} 2$

● 빈칸에 알맞은 수를 써넣으시오.

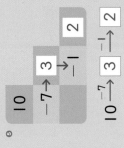

$5 \xrightarrow{+2} 7 \xrightarrow{+3} 10$

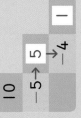

$4 \xrightarrow{+1} 5 \xrightarrow{+5} 10$

$2 \xrightarrow{+6} 8 \xrightarrow{+2} 10$

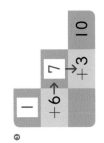

$3 \xrightarrow{+3} 6 \xrightarrow{+4} 10$

$1 \xrightarrow{+6} 7 \xrightarrow{+3} 10$

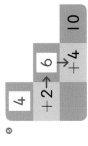

$4 \xrightarrow{+2} 6 \xrightarrow{+4} 10$

7 주차

188 대소셈

● 상자 안의 수를 식에 맞게 써넣으시오.

[보기]
	5
$10-6<5$	5
$10-5=5$	4
$10-4>5$	6
$10-6=4$
$10-4=6$

②
	7
$10-9<2$	7
$10-8=2$	9
$10-7>2$	8

④
	3
$10-4<7$	3
$10-3=7$	4
$10-2>7$	2

① $10-8<3$ → 8
$10-7=3$ → 7
$10-6>3$ → 6

③ $10-7<4$ → 5
$10-6=4$ → 6
$10-5>4$ → 7

⑤ $10-5<6$ → 5
$10-4=6$ → 3
$10-3>6$ → 4

● □ 안에 들어갈 수 있는 수에 ○표 하시오.

[보기] $10-\square>7$
② 3 4
$10-②>7$
$10-3=7$
$10-4<7$

① $10-\square=5$
3 4 ⑤
$10-3>5$
$10-4>5$
$10-⑤=5$

② $10-\square<4$
5 6 ⑦
$10-5>4$
$10-6=4$
$10-⑦<4$

③ $10-\square>6$
4 ③ 5

⑤ $10-\square<3$
⑧ 7 6

⑦ $10-\square=2$
7 9 ⑧

⑥ $10-\square<6$
⑤ 4 3

⑨ $10-\square>8$
2 ①

⑩ $10-\square=3$
6 8 ⑦

⑧ $10-\square=7$
③ 2 4

⑨ $10-\square>4$
7 ⑤ 6

⑩ $10-\square<7$
④ 3 2

○ 안에 수를 넣어 계산한 다음 크기를 비교합니다.

잘 공부했는지 알아봅시다

월 일

1 뺄셈식을 보고 덧셈식을 두 개 만드시오.

$10-6=4$

$4+6=10$

$6+4=10$

2 □ 안에 들어갈 수 있는 수에 ○표 하시오.

❶ $10-□>5$

④ 5 6

$10+4=6>5$

❷ $10-□<3$

6 7 ⑧

$10-8=2<3$

3 빈칸에 알맞은 수를 써넣으시오.

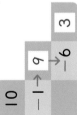

10

$10 \xrightarrow{-1} 9 \xrightarrow{-6} 3$

76

⑧ 주차

세 화살

● 화살이 꽂힌 세 수의 합이 10이 되도록 나머지 한 개의 화살을 그리시오.

과녁이 나올 때에는 하나의 수판에 여러 화살이 꽂힐 수 있음에 주의합니다.

2+3+5=10

4+3+3=10

● 세 수의 합이 10이 되도록 나머지 두 개의 화살을 그리시오. 여러가지 답이 있습니다. 계산하여 답을 확인합니다.

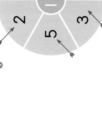

3+1+6=10

8+1+1=10

190 세 수 수직선

● 빈칸에 알맞은 수를 써넣으시오.

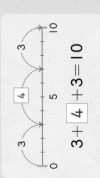

$3+\boxed{4}+3=10$

① $2+4+4=10$

② $5+2+\boxed{3}=10$

③ $1+\boxed{8}+1=10$

④ $2+1+7=10$

⑤ $6+2+2=10$

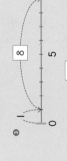

⑥ $6+\boxed{3}+1=10$

⑦ $1+4+\boxed{5}=10$

80

● □ 안에 알맞은 수를 세넣으시오.

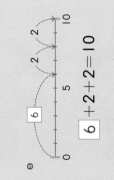 $5+3+2=10$

① $8+\boxed{1}+1=10$

② $2+1+\boxed{7}=10$

③ $\boxed{4}+5+1=10$

④ $4+\boxed{2}+4=10$

⑤ $3+4+\boxed{3}=10$

⑥ $6+\boxed{3}+1=10$

⑦ $5+\boxed{2}+3=10$

⑧ $1+4+\boxed{5}=10$

⑨ $6+2+\boxed{2}=10$

⑩ $5+\boxed{4}+1=10$

⑪ $2+7+\boxed{1}=10$

⑫ $8+\boxed{1}+1=10$

⑫ $6+\boxed{1}+3=10$

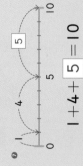
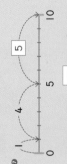

⑧ 주차

자동차 길

P. 82 ● P. 83

● 191

● 길을 따라 계산하여 빈칸에 알맞은 수를 써넣으시오.

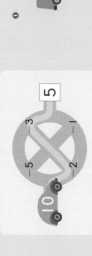

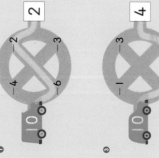

● 계산 결과에 맞게 자동차 길을 그리시오.

192 경우의 괴녁

● 화살이 꽂힌 세 수의 합이 10이 되도록 나머지 두 개에 화살을 쏘았습니다.

8+①+①=10

2+2+6=10

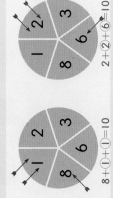

3+①+6=10

❶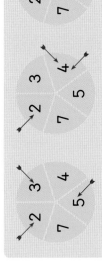

❷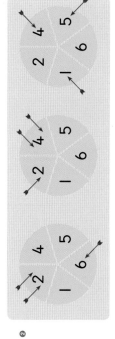

● 세 수의 합이 10이 되도록 세 개에 화살을 쏘았습니다. 하지만 세 가지 경우가 있었습니다.

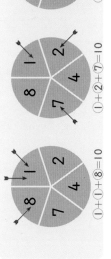

①+①+8=10

①+2+7=10

2+④+4=10

❶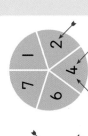

❷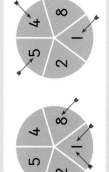

⑧ 주차

잘 공부했는지 알아봅시다

월 일

1 수직선의 빈칸에 알맞은 수를 써넣으시오.

①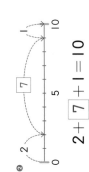

$$3 + \boxed{5} + 2 = 10$$

②

$$2 + \boxed{7} + 1 = 10$$

2 세 수의 합이 10이 되도록 나머지 두 개에 화살표를 그리시오.

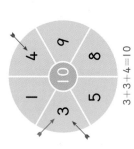

$$3 + 3 + 4 = 10$$

3 계산 결과에 맞게 자동차 길을 그리시오.

①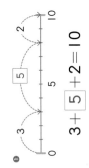

$$10 - 5 - 2 = 3$$

②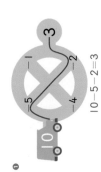

$$10 - 4 - 1 = 5$$

수학 개념이 쉽고 빠르게 소화되는

월등한개념수학

월등한 개념 수학 모델
이유진

www.nebooks.co.kr ▼

배운 개념을 끊임없이 되짚어주니까
새로운 개념도 쉽게 이해됩니다

수학 개념이 쉽고 빠르게 소화되는 특별한 학습법

· 배운 개념과 배울 개념을 연결하여 소화가 쉬워지는 학습
· 문제의 핵심 용어를 짚어주어 소화가 빨라지는 학습
· 개념북에서 익히고 워크북에서 1:1로 확인하여 완벽하게 소화하는 학습

NE 능률

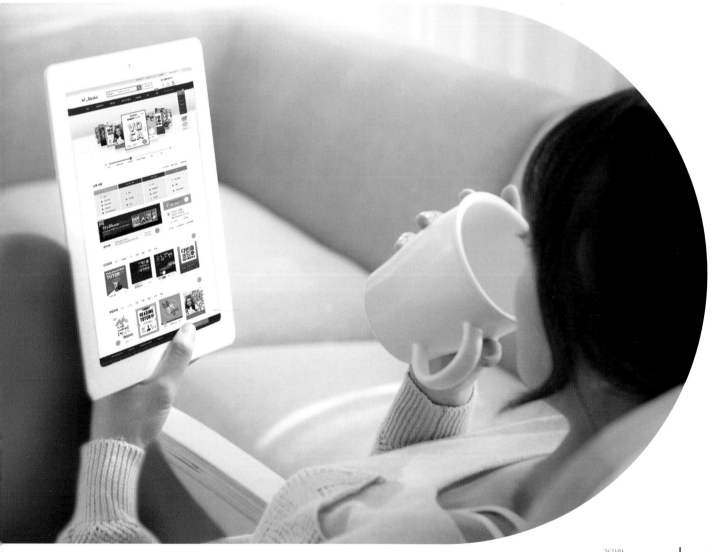